U0738275

使命的成就

THE COURSE AND ENLIGHTENMENT OF THREE-YEAR QUADRUPLING OF COMPLEMENTARY RECOMBINATION OF MINMETALS IN CHINA

中国五矿互补式重组
三年两翻番历程及启示

ACHIEVMENTS OF
THE MISSION

《使命的成就》编委会◎编著

中国五矿集团有限公司
CHINA MINMETALS CORPORATION

新华出版社

图书在版编目（CIP）数据

使命的成就：中国五矿互补式重组三年两翻番历程及启示 / 《使命的成就》编委会
编著. -- 北京：新华出版社, 2019.4
ISBN 978-7-5166-4592-5

Ⅰ.①使… Ⅱ.①使… Ⅲ.①矿业－企业集团－国有企业－企业重组－
研究－中国 Ⅳ.①F426.1

中国版本图书馆CIP数据核字(2019)第075842号

使命的成就：中国五矿互补式重组三年两翻番历程及启示

编　　著：《使命的成就》编委会

选题策划：潘海平　　　　　　　　　　　　封面设计：刘宝龙
责任编辑：徐文贤　许兼畅

出版发行：新华出版社
地　　址：北京石景山区京原路8号　　　　邮　　编：100040
网　　址：http：//www.xinhuapub.com
经　　销：新华书店、新华出版社天猫旗舰店、京东旗舰店及各大网店
购书热线：010－63077122　　　　　　　　中国新闻书店购书热线：010－63072012
照　　排：六合方圆
印　　刷：三河市君旺印务有限公司

成品尺寸：165mm×235mm　1/16
印　　张：18　　　　　　　　　　　　　　字　　数：190千字
版　　次：2019年5月第一版　　　　　　　印　　次：2019年5月第一次印刷

书　　号：ISBN 978-7-5166-4592-5
定　　价：68.00元

《使命的成就》编委会

总策划

梁相斌　潘海平

编辑委员会

主　　任　李　斌　金志峰

副 主 任　徐明伟

成　　员　杨　昱　吴　倩

编写组

主　编　李　斌

副 主 编　安　子

有一种责任，叫"五矿使命"

"我们党靠什么来振奋民心、统一思想、凝聚力量？靠什么来激发全体人民的创造精神和创造活力？靠什么来实现我国经济社会快速发展、在与资本主义竞争中赢得比较优势？靠的就是改革开放。"

党的十八大以来，以习近平同志为核心的党中央站在治国理政、江山永固的高度，做出了全面深化改革的历史性决策。2013年11月，习近平总书记在党的十八届三中全会上作关于《中共中央关于全面深化改革若干重大问题的决定》的说明时这样表示。

改革需要整体推进，但不能是平均用力、齐头并进，而是要注重抓主要矛盾和矛盾的主要方面，注重抓重要领域和关键环节。

国有企业改革就是这样的"重要领域和关键环节"，是全面深化改革的重头戏，也是硬骨头，国人瞩目，世界关注。

2015年伊始，日本外交学者网站抛出这样的问题：中国领导人早就想进行的国有企业改革在2015年能取得突破性进展吗？

"国有企业是壮大国家综合实力、保障人民共同利益的重要力量，必须理直气壮做强做优做大，不断增强活力、影响力、抗风险能力，实现国有资产保值增值。"

"国有企业是中国特色社会主义的重要物质基础和政治基础，是我们党执政兴国的重要支柱和依靠力量……"

围绕"做强做优做大"国有企业，习近平总书记提出了一系列新理念、新思想、新战略，为国有企业这艘巨轮在改革大潮中乘风破浪定好了方向、把好了轮舵。

2015 年 9 月，党中央国务院发布《关于深化国有企业改革的指导意见》。

"以管资本为主推动国有资本合理流动优化配置。坚持以市场为导向、以企业为主体，有进有退、有所为有所不为，优化国有资本布局结构，增强国有经济整体功能和效率。紧紧围绕服务国家战略，落实国家产业政策和重点产业布局调整总体要求，优化国有资本重点投资方向和领域，推动国有资本向关系国家安全、国民经济命脉和国计民生的重要行业和关键领域、重点基础设施集中，向前瞻性战略性产业集中，向具有核心竞争力的优势企业集中。发挥国有资本投资、运营公司的作用，清理退出一批、重组整合一批、创新发展一批国有企业。"《关于深化国有企业改革的指导意见》在"完善国有资产管理体制"部分做出重要部署。

清理退出一批，重组整合一批，创新发展一批国有企业。

——近年来，放眼神州大地，围绕着国企改革的市场化重组大潮正在涌起。在国务院国资委统一部署下，按照"成熟一户、推进一户"的原则，围绕做强做优做大目标，加快深度调整重组步伐，一方面推进中央企业集团层面重组，稳妥推进煤电、重型装备制造、钢铁等领域重组，探索海外资产整合。另一方面，推动中央企业以优势龙头企业和上市公司为平台，加强企业间相同业务板块的资源整合，支持中央企业之间通过资产重组、股权合作、资产置换、无偿划转、战略联盟、联合开发等方式，将资源向优势企业和企业主业集中。

央企兼并重组大致可以分为四种情况：一是强强联合的重组，比如原中国南车和中国北车重组形成的中国中车，原中国远洋和中国海运重组形成的中国远洋海运，原宝钢、武钢重组形成的宝武集团。二是优势互补的重组，比如原中电投集团和国家核电重组形成的国家电投。三是吸收合并的重组，比如招商局集团和中国外运长航的重组。四是共建共享的新组建方式，比如三家通讯企业共同出资成立了铁塔公司，节约了大量的土地资源和投资。

中国五矿和中冶集团之间的重组，属于第二种，即互补式重组。

2015年12月8日，经国务院批准，中国五矿集团公司与中国冶金科工集团有限公司进行战略重组。

历史定格在2016年6月2日，五矿中冶重组大会在京召开，两个世界500强企业的重组整合迈出关键的实质性一步。

新中国五矿，在重组伊始提出"矿业报国"的使命。在企业发展战略中鲜明表述："要成为国家资源安全的保障者、产业升级的创新者、流通转型的驱动者"。

新中国五矿"矿业报国"的"五矿使命"，成为新五矿的信

中国五矿集团董事长、党组书记唐复平

念和追求，激扬新五矿的担当和动力！

　　然而，摆在新中国五矿面前的，并非一片坦途、繁花似锦，而是关隘重重：

　　金属矿业行业产能严重过剩，市场徘徊在历史性低谷，铜、铝、铅、锌、镍、铁矿石等主要经营产品价格阴跌不断。

　　重组之前巨额亏损的阴影需要驱散。过去十年持续外延式扩张，企业累积的各类经营风险必须快速、全面化解。

　　国文清总经理作为重组的设计师和执行者，清醒判断、准确把握新中国五矿面临的发展形势和紧迫任务，在重组大会上坚定指出："必须直面发展难题，既不能让问题久拖不决被拖垮，更不能让风险集中爆发被压垮!"掷地有声提出了"两年止血、三年造血"的经营发展总要求。

在 2017 年的中国五矿工作会议上,国文清总经理进一步将"总要求"上升为"总战略",旗帜鲜明提出:到 2020 年,实现"三步走、两翻番"战略目标 ——为新中国五矿摆脱困局、重塑辉煌、迈向高质量发展之路,吹响冲锋号、发出动员令。

——第一步,到 2017 年底,在 2016 年盈利 40 多亿元的基础上翻一番,实现利润 100 亿元,完成止血控亏、改组改造的过渡期任务。

——第二步,到 2018 年底,实现利润 200 亿元,比 2017 年再翻一番,完全回归经营本质,完成"止血"到"造血"过程,实现匀加速发展,完全具备国有资本投资公司功能。

——第三步,到 2020 年,随着我国全面建成小康社会目标的实现,新中国五矿集团在金属矿产品方面,钨、锑、铟、锗、铋保持世界第一,铜、铅锌、镍在国际上具有较强影响力和一定控制力,完全具备全球配置矿产资源能力和产供贸一体化能力。

"三步走、两翻番",这简明扼要的 6 个字,犹如航船在风高浪急、大雾迷茫之时找到"航标",引领企业校准航向、满帆启航,使新中国五矿全体干部员工在困难时期明确了奋斗目标,提振了士气,聚集了人心,坚定了信心。

"三步走、两翻番",是新五矿的战略引领,更是新五矿承担国家金属矿产资源安全保障责任、履行"五矿使命"的挺膺担当。

国文清总经理在 2017 年度工作会议上提出"三步走、两翻番"
战略目标

直面发展难题。瞄着问题去、奔着问题上,分解任务、传导压力、套牢责任、上下同心,连闯"四大关隘",全力"处僵治困"。

全面强基固本。"两年止血、三年造血",直击要害、精准发力、逐一攻克:从壮士断腕的产能改造,到培育新的增长点;从改进贸易模式、推进管理变革,到"四梁八柱"业务体系的有力支撑,环环相扣、紧密衔接、梯次推进。

大力整合融合。着眼全方位深入挖掘产业协同和业务协作的潜能，创造性提出"打造千亿内部市场"，2018 年实际规模达到 1500 亿元。依靠市场化机制，推进业务整合、机制对接、管理顺畅、文化融合，新五矿走出一条独具特色的"互补式重组"道路。国务院国资委领导评价：重组取得了超出预期的成效。

打造忠诚、干净、担当的干部队伍。以"骨子里的信念忠诚、激情澎湃的热血忠诚"干事创业，逐步形成"干部领跑、团队奋进，一马当先、万马奔腾"的生动活泼新局面。

能力再造、机制重塑、创新驱动，重整行装再出发的中国五矿发生一系列脱胎换骨的"聚变"。

任凭市场还是那个市场，任凭经营商品价格依然低迷，却难以再次阻挡新五矿前进的力量……

一年迈一步，三年跨大步。

重组三年来，以习近平新时代中国特色社会主义思想为指引，始终坚持党对企业的领导，坚持以经营管理为中心，坚持深化改革，中国五矿交出一份靓丽的答卷：

——2016 年重组当年，一举扭转大幅亏损局面，实现利润总额 40 亿元。

——2017 年，实现营业收入 4934 亿元，利润在上年基础上实现翻番，双双创出历史新高，全面超额完成国务院国资委考核任务。

——2018 年，利润总额在 2017 年基础上再翻一番！

截至 2018 年底，中国五矿建有国家级各类科技研发平台 37

个，包括国家重点实验室 4 个，国家工程中心 8 个，国家认定企业技术中心 16 个，国际科技合作基地 1 个。累计有效专利超过 2.7 万件。累计发布国际、国家和行业标准逾 1000 项。企业运营效率不断提升，资产质量持续优化，创新发展动力源源而来！

印发《管理办法》和《权限清单》，在央企中首家以制度化形式把党的领导融入公司治理各环节；被批准为中国金属矿产领域国有资本投资公司试点……

"互补式重组"三年，"新"的中国五矿，从经营谷底跃身而起，不断创造业绩新高，取得振奋人心的成就。2018 年 7 月，中央企业 2017 年度经营业绩考核结果公布：中国五矿集团有限公司以优异的业绩被评为 A 级企业。

时隔两年，重返 A 级，成功进入央企第一阵营。这一成绩的取得实属不易。2015 年原五矿在国务院国资委考核中被评为 D 级，同时戴上债务风险监管的帽子；2016 年跨越 C 级成为 B 级；2017 年跨入 A 级，堪称凤凰涅槃、浴火重生。由 D 跃升至 A，淬火成钢！

A 级考核结果，意味着中国五矿经过前所未有的行业衰退期洗礼后，顶住压力、快速崛起，重回央企优秀行列，充分证明中国五矿有实力有能力有潜力走好高质量发展道路，成为"中国第一、世界一流"的金属矿产企业集团。

2019 年年初揭晓的统计数据，令人振奋——2018 年中国五矿实现营业收入 5032 亿元人民币，实现利润第二个翻番，全年经营业绩再次刷新历史纪录，经营质量显著优化，世界 500 强排名从 198 位上升到 109 位,保持金属行业第一,成为当之无愧的中国最具实力的金属矿产企业。

"三步走、两翻番"迈出精彩有力步伐,企业实现谷底弹射,由此进入高质量发展的良性轨道。三年两翻番,成就来自行动,成就依靠战略,成就发轫于使命!

企业并购重组,从来都是一道难题。何况是两个世界 500 强企业的重组?

3 年,1000 多天,在历史的长河中,不过是一瞬间。

短短 3 年时间里,新中国五矿——两个世界 500 强企业的重组,能从一年亏损 180 多亿的经营谷底跃起,实现靓丽"大变身",从带息负债和两金占用规模巨大,犹如头顶悬着"吃"掉企业大量利润的两座"堰塞湖",资产负债率一度居高不下,被国资委列入债务风险监控企业名单,到 2018 年资产负债率下降至安全线以下,两金占用规模持续下降,经营质量显著优化,圆满完成国务院国资委考核任务,各类风险隐患和历史包袱得到有序化解,发展基础更加坚实,令人惊叹之余不禁要追问:这个企业重组史、国企改革发展历史上的伟大奇迹,究竟是怎样在如此短的时间内创造的?"历史最佳经营业绩"究竟是怎样取得的?这种互补式重组,给人以怎样的启示?有可复制可借鉴的意义吗?

走进新的中国五矿,从湖南到北京,从矿山到研究院,笔者一路采访,一路追问。

"这种历史性变化的背后,'天时地利人和'各占怎样的因素?""现在的五矿,和 3 年前比,是一个怎样的样子?如果用一个词来形容，您会用什么词？"……所到之处，有几个问题笔者几乎是一路请教。

人们的回答，几乎是异口同声，有"天时地利"的因素，更主要的，是"人和"！

面对笔者的问题，五矿集团下属的中国恩菲董事长陆志方临时用 5 句话来形容：一是战略引领，新的中国五矿思路格外清晰，顶层设计非常清晰；二是文化导向，不融合就是死路一条；三是领导有力，强有力的领导班子始终牢牢抓住了方向；四是干部作为，新五矿的干部将"一天也不耽误、一天也不懈怠"作为企业精神，将"珍惜有限，创造无限"秉承为发展理念，只争朝夕；五是员工努力。

"这是我临时想出来的五句话。"临时想出来的话，更是心里话，代表了新五矿 20 多万职工的共同心声。

中央企业重组的目的，不是为了减少户数，而是更加关注重组的内涵和实效；不是仅仅停留在物理变化上，而是追求发生化学反应。

肩负使命，勇于担当，新的中国五矿，这艘全球金属矿产行业的"航空母舰"、名副其实的中国金属矿产行业"国家队"，深入贯彻习近平新时代中国特色社会主义思想和党的十九大精神，始终不忘初心、牢记使命，积极担当、开拓进取，自觉将企业发展融入中央战略布局，紧紧围绕大局、时时聚焦大局，采取一系列有效举措全面落实党中央、国务院及国务院国资委各项部署要求。

从当年出口创汇建设新中国的"中国五金矿产进出口总公司"，

到逐浪市场经济潮头大力推进战略转型的"中国五矿集团"，再到新时代砥砺奋进迈向"世界一流"的"中国五矿集团有限公司"，中国五矿始终坚守使命担当、满腔热血忠诚，与共和国同步成长、不断壮大，今天已在金属矿业领域拥有全球影响力，坚强有力承担起国家矿产资源安全保障的崇高使命！

有一种责任，叫"五矿使命"；有一种动力，叫"五矿担当"！

中国五矿集团董事长、党组书记唐复平和党组副书记、总经理国文清在 2019 年 2 月初共同发表的新春贺词中如此豪情满怀地写道："历史的业绩坚定砥砺前行的五矿信心，时代的召唤激发改革奋进的五矿动力。新的一年，梦想在继续，奋斗亦在继续。摆在我们面前的使命更光荣、任务更艰巨、挑战更严峻、目标更伟大。"

"加强对创业成功和失败案例研究，为企业家创新创业提供借鉴""总结优秀企业家典型案例"……2017 年 9 月发布的《中共中央国务院关于营造企业家健康成长环境弘扬优秀企业家精神更好发挥企业家作用的意见》这样指出。

历史是最好的老师，案例是最好的教材。探访中国五矿互补式重组"三年两翻番"的历程，犹如一本教科书式的企业经典重组案例，给人们以启示。

2018 年 7 月 30 日，《中国五矿报》在五矿集团获评 2017 年度央企业绩考核 A 级企业之际刊登的一篇评论，也许是最好的揭示——

成绩的取得，根本在于以习近平同志为核心的党中央坚强领导，在于习近平新时代中国特色社会主义思想的火炬点亮了国有企业前进道路，在于我们认真落实党中央、国务院、国资委的部署要求。正是由于我们对伟大思想和重要指示精神的反复深入学习领会和贯彻，才最终找到了暗夜行军的启明星、找到了逆势突围的突破口、找到了破解难题的金钥匙。

成绩的取得，在于集团公司党组"把方向、管大局、保落实"作用的有效发挥。集团公司党组深入贯彻从严治党管党要求，切实发挥党组织的政治优势，在央企中率先以制度化形式把党的领导融入公司治理各环节，理顺了党组织和企业其他治理主体的关系。正是集团公司党组的一系列举措，确保了企业决策更加科学，促进了党建与企业生产经营工作的深度融合，推动了企业和谐稳定发展。

成绩的取得，在于集团公司各项改革管理举措的有效落实。集团公司以打造功能完备的金属矿业领域国有资本投资公司为契机，全面推进深化改革，着力推进瘦身健体，持续加强资金监管，切实筑牢风控防线，系统优化资源配置，强化重点领域提升。正是由于我们一手补短板、堵漏洞、夯基础，一手拓合作、促创新、强机制，才让深受重创的企业病躯渐愈、重焕生机。

成绩的取得，在于集团公司全体干部职工瞄准"三步走、两翻番"目标，以"一天也不耽误、一天也不懈怠"的企业精神驰而不息地奋力拼搏、废寝忘食地攻坚克难、夜以继日地砥砺前进。正是全体干部职工的忠诚敬业、辛勤付出，共同填充了中国五矿的业绩版图，共同筑起中国五矿耸入云端的万丈高楼。

历经三年重组，新中国五矿的面貌、员工的面貌都发生了巨大变化。作为一位普通员工，2008 年入职的中国五矿科技部廖波处长的话朴实而生动："这几年的变化，已有力回击了不少人当初的质疑，交出了一份靓丽答卷。我们身在其中，切身感受到五矿各方面的发展。最大的变化体现在人心的变化，体现在精气神的变化、活力的展现，大家的精神状态完全不一样了。不光是我自己，现在基本上接触的同事经常是加班加点，活儿干不完。我老公今天早上还在跟我说：'你看你现在每天没有晚上8点钟以前回来过，儿子要高考了，是儿子冲刺还是你冲刺呢？'现在周末都要经常出差，真是活儿太多了，但却越干越有劲，有奔头。"

从逆境中奋起，从困局中翻身，人们坚信，中国五矿这艘巨轮一定会驶向更加美好的明天。

——到2035年基本实现社会主义现代化之时，在铜、铁、锌、镍、钨产品上具有较强程度的影响力，成为"世界一流"企业；

——到2050年建成富强民主文明和谐美丽的社会主义现代化强国之时，巩固"世界一流"，实现企业长富久安，完全承担起国家资源安全的保障使命。

"日月不肯迟，四时相催迫。前行路上，每一个五矿人都是追梦人，每一个五矿人都是奋斗者。让我们一道，继续秉持'珍惜有限、创造无限'的发展理念，发扬'一天也不耽误，一天也不懈怠'的企业精神，与春风同行，与春光共舞，坚定我们共同的五矿梦想，踏着更加雄浑的五矿交响，肩负新时代勇往直前的责任担当，共同谱写更加丰实的五矿华章！"新春贺词里的话，是对过去的最好总结，更是对未来的最好期望。

目 录

c o n t e n t s

开篇语　有一种责任，叫"五矿使命"…………………………… 1

第一章　困局·航标……………………………………………… 1

◎重组之前 ……………………………………………………… 5

◎行业处于周期底部，市场坠入谷底 ……………………… 12

◎五大发展理念：掀开关系我国发展全局的一场深刻变革 ……… 18

◎迅速落地的战略重组 ……………………………………… 23

▶延伸阅读 Ⅲ 新五矿的明天什么样? …………………… 26

第二章　闯关·夯基……………………………………………… 29

◎连闯四大发展"关隘" ……………………………………… 31

◎打响"生存保卫战" ………………………………………… 34

◎排雷，扎紧风险口袋 ……………………………………… 57

◎重振干部职工精神面貌 …………………………………… 63

▶延伸阅读 Ⅲ 跨国并购不是"买买买" …………………… 70

第三章　主业·动能 ···················· 77

◎加强顶层设计和战略引领 ············· 78

◎构筑"四梁八柱"业务体系，擎起新五矿"大厦" 85

◎推进整合融合，释放重组红利 ············· 93

◎发挥全产业链布局优势，培育增长新动能 ········· 108

▶延伸阅读 |||||| 中国五矿携四公司打造亿吨级国际矿石交易中心······ 118

第四章　改革·提效 ···················· 123

◎"刀口"向内，持续深化体制机制改革 ········· 124

◎全面推动管理变革 ················· 149

◎实行创新驱动，大力升级发展动能 ··········· 155

◎加强党建，强化"根""魂"作用 ··········· 202

▶延伸阅读 |||||| 千帆竞发　逐浪前行

——改革开放 40 年国有企业迈向高质量发展······ 222

第五章　成就·经验 ···················· 227

◎三年两翻番：高水平超预期实现"第二步"任务 ········ 228

◎六条重要经验 ··················· 240

▶延伸阅读 |||||| 互补式重组第三年，中国五矿 2018 年交出

亮丽答卷 ················· 250

结束语　重塑的不仅是核心竞争力，更是信心和形象 ········ 257

后　记 ······················· 264

第一章

困局·航标

——"中国五矿 2018 年业绩创历史新高";

——"中国五矿 2018 年营收 5032亿 2019 年将充分引入外部竞争"……

2019 年 1 月 8 日，新年伊始，不少媒体用这样的标题形容重组进入第三个年头的中国五矿，有的用文字进行描述，有的用表格直观展现。

作为国家通讯社，新华社的报道最为言简意赅：

中国五矿去年业绩创历史最佳
2019 年发力契约化管理

新华社北京 2019 年 1 月 8 日电（记者王希）我国最大的金属矿产企业中国五矿集团有限公司 2018 年实现营业收入 5032 亿元人民币，利润同比增长16.5%，取得历史最佳经营业绩。这是来自中国五矿年度工作会议的信息。

中国五矿 2018 年的营业收入中，金属矿产与工程业务两大核心主业贡献巨大；当年销售利润率同比提高 0.4 个百分点，实现经营性现金流净流入 359

中国五矿集团有限公司

亿元；2018 年末公司管理的资产规模达 1.86 万亿元，同比增长 10.6%；资产负债率持续下降，2018 年末带息负债总额同比减少 199 亿元。

从具体业务板块表现看，中国五矿全球矿山资源贡献稳定，工程承包加速发展，尤其在"一带一路"沿线国家和地区成绩亮眼；"资源＋贸易"协同发力，大幅提升矿产品业务规模，2018 年铜精矿贸易量历史性突破 100 万吨；优化多元业务布局，全年新能源材料板块共完成投资 106 亿元。

据中国五矿总经理国文清在工作会上介绍，2018 年是中国五矿与中冶集团实施重组的第三年，通过集中破除技术性壁垒、推进人才交流、整合同质化业务以及打造千亿级内部市场等措施，这两家世界 500 强央企的重组融合渐入佳境，互补效应不断涌现。

同时，作为国有资本投资公司试点，中国五矿 2018 年着力规范总部决策事项和流程，重塑管理体系，将"权、责、利"进一步制度化、清单化；着力调整直管企业布局，企业市场主体地位进一步凸显。

"2019 年我们将全面实施'竞争力提升'行动。"中国五矿董事长唐复平表示，五矿将建立以契约化管理为核心的市场化经营管理机制，把外部竞争压力充分引入内部，营造内外互通的竞争环境，做到"一切行为方式和规则都围绕市场化要求，一切产出结果和指标都围绕竞争力提升"。

短短 670 个字的背后，是中国五矿过去三年时间里难以想象的"咸鱼翻身"式的发展历程，是两个曾经陷入低谷的世界 500

强企业重组后历经信心重建、流程重塑，获得重生的奋斗历程。

◎ 重组之前

历史上的五矿

时光，回到三年多前——

"2015年，有两个字可以表达当时的五矿，那就是'低迷'，一是市场低迷，金属矿产行业继续深度调整，商品价格不断创出新低，行业步入寒冬期。二是人心低迷，信心动摇，出现了前所未有的严重亏损，集团央企绩考核落入 D 级，来自各方的质疑，干部员工士气信心跌入谷底。"五矿集团总部一层一间会议室内，企业管理部副部长鲁玉明对几年前的状况记忆犹新。回顾起当时的情景，2008年入职五矿集团、现任集团科技部处长的廖波颇为感慨，"业务单位手里合同额少，工作不饱满；员工满意度普遍下降，离职人数增多。我当时第一次听说有'六矿'群，那是个离职人员群，听说企划部、办公厅、法律等部门都有同事离职。"

2015年，当时的五矿，正处于诞生60多年来最为艰难的时刻之一：

中国五矿是国家最早设立的专业外贸企业之一，前身是中国矿产公司和中国五金电工进口公司，为中国特色社会主义建设做出了历史性贡献，有着十分辉煌的历史。

1950年，按照中央政府政务院的决定，中国矿产公司（五矿总公司前身之一）在北京成立，是我国设立的第一批外贸企业之一。

原中国五矿集团公司总部

1952年，中国五金电工进口公司（五矿总公司另一前身）成立，承担钢材、有色金属、电工电讯器材等商品的进出口业务。

1955年，中国五金电工进口公司更名为中国五金进口公司。

1960年，中国矿产公司与中国五金进口公司合并为中国五金矿产进出口公司。

1965年，更名为中国五金矿产进出口总公司。

1988年，根据国务院决定，五矿总公司与所属各省、市、区分公司脱钩。

1998年，五矿总公司与原政府主管部门——经贸部脱钩，转由中央大型企业工委管理。

1999年，中国五矿被中央列入首批44家涉及国家安全和国民经济命脉的国有骨干企业。

2000年后，中国五矿随着有色金属工业总公司的解散和国家有色金属管理体系的调整，从单一贸易公司向资源化、实业化战略转型。在国内积极布局黑色、有色金属产业，先后重组合并邯邢矿业、鲁中矿业、长沙矿冶研究院、江钨集团、湖南有色金属集团等一批重要的金属矿业企业，在铁、钨、铝、铅锌冶炼、锑、稀土等产业完成战略布局；在海外专注基本金属上游资源，成功收购北秘鲁公司和澳大利亚OZ资源公司，获得一系列铜、锌重要矿业资产，大幅提高海外资源控制能力，形成了体系化的国际经营团队。

2004年，更名为中国五矿集团公司。

2010年，发起设立中国五矿股份有限公司。

2016年7月，被批准为中国金属矿产领域国有资本投资公司试点。

2017年，中国五矿集团公司改制更名为中国五矿集团有限公司。

五矿曾经创造这样的辉煌——为我国第一座长江大桥、第一个油田、第一颗原子弹的设计建造提供了必要的钢材资源，年进口额曾经一度占到全国年进口额的40%。

改革开放以后，尤其是在近十几年的发展过程中，中国五矿主动向上游资源发力，从贸易型企业向实体企业不断转型，通过并购重组的方式先后获取了包括世界排名第6位的邦巴斯铜矿、前10位的杜加尔河锌矿以及刚果（金）铜矿、南非铬矿在内的大量矿产资源，已经成为以金属矿产为核心的多元化产业集团，不仅拥有包括银行、期货、保险、信托、租赁在内的金融业务全牌照，还拥有一家在香港上市的地产类企业，是国务院国资委首批确定的16家以房地产为主业的央企之一。

由于前几年金属矿产行业进入历史低谷期，2015年原中国五矿巨额亏损，在国务院国资委考核中被评为D级，同时戴上债务风险监管的帽子，企业上下人心惶惶。

中冶集团的竞争优势和浴火重生

中冶集团是我国最早的钢铁建设力量，是我国钢铁工业的缔造者和生力军，牢牢占据了国内冶金建设市场90%、全球冶金建设市场60%的份额，是全球最强最优最大的冶金建设运营服务"国家队"。

过去冶金部的老家底基本都在中冶集团，中国所有著名的大型钢铁企业，例如鞍钢、武钢、宝钢等，都是由中冶设计和建造的。1948 年 12 月，从修复鞍钢开始，中冶正式起航。当时生产的钢铁主要用于制造炮弹，对有力支援全国解放战争发挥了重要作用。之后建设武钢时，毛主席亲临现场，见证了武钢第一座高炉建成出铁。

经过 60 多年积累沉淀，中冶形成的最突出、最核心的竞争优势就是拥有国际领先的全流程系统集成能力，这是中冶集团能够与国际一流同行同台竞争、相媲美的独具特色、独一无二的比较优势。

中冶集团经过 10 年高速发展，在金融危机后受整个钢铁行业低迷影响，企业经营遭遇了巨大挑战，连续三年被国务院国资委列为债务风险特别监管企业，连续两年考核为 D 级企业。

2012 年，中冶集团业绩跌到谷底，亏损 73.6 亿，成为中央企业中的"亏损大王"；带息负债高达 1700 多亿元，应收账款和存货高达 2100 多亿元，许多银行停止授信，资金链濒临断裂边缘。作为上市不久的中国中冶 A+H 股资本市场负面报道不断。跌入包袱沉重、管理下滑、信心缺乏的低谷，中冶生存岌岌可危，直接关系着几十万干部员工的生产生活。

新一任领导班子肩负巨大压力。2012 年 7 月，国文清"临危受命"，出任中冶集团总经理（法定代表人），之后迅速组织召开对中冶集团发展具有转折点和里程碑意义的"9·5 会议"，掀开了攻坚克难的改革大幕。几年时间，削平了中冶恒通、葫芦岛有色和纸业集团"三座大山"。与之同时，南京、珠海横琴、秦皇岛、石家庄等重大项目化被动为主动，风险得到有效控制。这样一个当时最困难的传统冶金老企业，既没有让危险和风险集中爆发被压垮，也没有让问题久拖不决被拖垮，而是凤凰涅槃、浴火重生，走上了"聚焦中冶主业，建设美好中冶"的长富久安之路。

2013 年中冶集团扭亏增利逾百亿元，效益增幅居央企第一，国资委经营业绩考核由 D 级跃升至 B 级，一举摘掉了国务院国资委特别监管企业的帽子；2014 年实现利润增幅约 40%，走出了中央企业 7+2 改革脱困企业名单；2015 年实现利润继续稳步增长，被国务院国资委评为 A 级企业，上市公司中国中冶获得了中国证券金紫荆"最佳公司治理上市公司"奖。

中国五矿与中冶集团实施战略重组

2015 年，经国务院正式批准，中国五矿与中冶集团两家世界 500 强企业实施战略重组，中冶集团整体并入中国五矿，形成新中国五矿。

这是令人难忘的时刻——2016 年 6 月 2 日，中国五矿与中冶集团战略重组大会在京举行。国务院国资委主任肖亚庆出席。

新中国五矿提出全新的战略目标，就是要打造一家拥有全产业链核心能力的世界一流金属矿产企业集团。明确提出立足金属矿业扎实履行"矿业报国"使命：要成为国家资源安全的保障者、产业升级的创新者、流通转型的驱动者。"矿业报国"使命，是新五矿的追求和梦想，是企业发展目标，更是沉甸甸的国家责任！围绕这样的使命与责任，重组后的中国五矿在各个领域不断取得新的突破，开创新的局面。

　　分析人士指出，原中国五矿拥有最完整的全球贸易体系和60多年的国际贸易经验，具有银行、信托、证券、期货、保险全牌照金融优势。中冶集团是中国钢铁工业的开拓者和生力军，是中国冶金建设国家队，占据国内90%、全球60%的冶金建设市场，建设了所有国内钢铁企业高炉，为所有的中国大型钢铁企业提供一流建设、技术支持和运营服务，深入了解高炉的个性化供料需求，并快速提供个性化服务。

　　由原中国五矿集团和中冶集团两个世界500强企业战略重组而成的新中国五矿，是中国最大、国际化程度最高的金属矿业企业集团，总资产规模达1.86万亿元，员工20万人，位列世界500强金属行业第一，体量超过必和必拓、力拓、淡水河谷三大矿业巨头，境外机构、资源项目与承建工程遍布全球60多个国家和地区，拥有强大的国际化经营网络和队伍。

　　中国五矿与中冶集团实施战略重组，是落实党中央、国务院关于"做强做优做大国企，不断增强国有经济活力、控制力、影响力、抗风险能力和国际竞争力"的要求，深化国有企业改革，推进国有经济布局结构调整，打造具有全球竞争力世界一流企业的重要举措。

　　通过整合，两家企业都跳出以往单个产业、抗波动能力差的发展局限，在国际上率先打通了金属矿业领域从资源获取、勘查、设计、施工、运营到流通的全产业链，这是区别于国际矿业巨头的核心竞争力，大大提升了中国在国际金属矿业领域的话语权，改变了国际金属矿业领域的格局。

根据 2016 年《财富》世界 500 强排名情况，原中国五矿排名第 323 位，中冶集团排名第 290 位，中冶集团在国资委央企负责人 2015 年度经营业绩考核中被评为 A 级企业，获得 2013—2015 年任期"科技创新优秀企业"荣誉称号。如果按照两家企业重组后规模计算，则重组当年世界 500 强排名将上升至第 114 位，在金属及矿业行业均居第一位。

新的中国五矿将走向何方？外界充满好奇和疑虑。

时隔三年，回想起当初的情形，廖波说："尽管五矿之前通过一系列并购重组实现了飞跃发展，积累了很多成功经验，我以前在北大光华 MBA 学习时，学校老师还组织过专门研讨五矿并购重组的成功案例，其海外投资并购也经常是国资委央企典型样板，但这次与中冶的重组不同于以往，这次重组不是横向联合，而是一种上下游的纵向重组，并且是两家旗鼓相当央企的组合。在这种背景下，怎么管好一家这么大的企业，实际上是对集团提出了非常高的要求，不可避免也面临着多方的质疑与观望。"

◎行业处于周期底部，市场坠入谷底

重组时"内忧外患"

多方质疑和观望，事出有因——

行业钢铁产能过剩、钢铁企业连年亏损、金属矿业市场进入历史性低谷、矿产品价格暴跌……重组之际，新五矿面临内忧外患，困难重重。

从国际看，重组时，世界经济仍处于深度调整期，全球复苏缓慢，新增长动力尚未形成，发展形势严峻。新兴市场国家面临资本外流和汇率贬值较大压力。走出去面临的政治经济风险和不确定性因素增多。

从国内看，重组时，经济发展处于 L 型底部区间，总需求低迷与产能过剩并存的格局并未出现根本改变，仍处于增长速度换挡期、结构调整阵痛期和风险高发期。但我国宏观经济运行总体平稳是大趋势，经济增速仍将保持在预期目标区间，2016 年上半年国内生产总值超过 34 万亿，同比增长约 6.7%，为推进改革发展创造了相对稳定的发展环境。

从行业上看，重组时，新中国五矿集团涉及的多个行业处于调整低谷，不利因素和不确定因素还在不断产生。

当时新中国五矿的一份内部报告，对五矿所涉及的行业领域做出了清醒的分析：

——在金属矿产领域，正在由行业整体供应过剩逐步转向结构性过剩，部分品种供求呈现出边际改善的趋势。但基本面的支撑仍然不足，预计未来一段时间金属矿产仍将处于行业底部区间。与前期相比，正呈现出四个显著变化：一是由多种产品步调一致变为涨跌互现。铝、锌、镍等金属因基本面逐步改善，未来价格有望保持上升趋势，而铜、铁矿石、钨等品种因持续供大于求，价格波动进一步加剧。二是行业竞争态势由完全竞争变为寡头垄断。主要矿业巨头通过前期扩产压价、挤出大量中小型竞争对手之后，不约而同转换策略、压缩产量，共同扭转行业供给过剩的不利局面，由巨头主导的矿业新型合作竞争关系正在形成。三是收购并购标的由非核心变为核心资产。多数矿业企业资产剥离力度加大，对象由此前的非核心资产逐步转向品质、成本一流的核心资产。四是金属矿业由传统行业走向高科技行业。受成本压力倒逼，澳大利亚和加拿大先后成立矿业技术研究和发展部门，推进矿业向信息化、智能化、高科技化属性方向发展，未来矿业进入门槛不断提高。

由于互联网技术发展迅猛、信息不对称现象减少、物流渠道更加多元化，大宗商品贸易流通领域的传统经营模式已经失效，新的发展模式尚未有效建立。而资金面的持续紧张，上下游客户风险频发，使得整个行业生态更加脆弱，行业形势更加复杂严峻。

——在钢铁冶金领域，全球钢铁行业长期处于深度调整期的态势不变。"去产能"仍是中国钢铁行业的重要任务，且力度会进一步加大，市场总量会进一步大幅压缩。特别是行业调结构转方式、行业集中度的提高及绿色制造、智能制造、新能源、新材料等业务发展，对工程技术创新和工程技术、工艺技术、装备技术的深度融合提出了新的发展需求。钢铁业主更加希望得到贯穿整个钢铁产品生命周期的增值服务、一站式快速与高质量综合服务和完整的解决方案。

——在基本建设领域，随着"一带一路"、京津冀协同、长江经济带建设等国家发展战略的实施，基础设施建设和城镇化建设速度将进一步加快。"十三五"期间我国将建设 19 个城市群，会有效带动交通基础设施建设、公共服务设施、住宅建设等巨大投资需求。在交通基础设施细分市场，发改委明确要实施综合枢纽衔接、城际交通建设等七方面 28 类交通提质增效重大工程。在民用航空建设领域，建设京津冀、长三角、珠三角世界级机场群，新增民用运输机场 50 个以上。此外，城镇棚户区改造力度空前，三年内将改造各类棚户区 1800 万套，农村危房 1060 万户，同步规划和建设公共交通、水气热、通讯等配套设施。

——在新兴产业领域，需求处于持续高速增长阶段。管廊建设 2016 年开工建设 2000 公里以上。美丽乡村计划"十三五"期间在全国建成 6000 个左右。目前已经有超过 400 个城市提出或正在建设智慧城市。海绵城市建设试点城市已达到 30 个。

——在节能环保领域，按"十三五"GDP 增长速率进行投入，预计投资 6 万亿至 10 万亿左右。在水环境治理细分业务领域，新增市场竞争异常激烈，存量市场中，面对国家环境执法的更为严格、城镇污水处理设施排放标准要求的大幅提高，现有民营污水治理企业技术能力严重不足且后续技改投资意愿不强，这为以技术见长的企业通过兼并重组的方式大举进入提供了良好契机。土壤修复市场未来前景广阔，需要预先进行技术储备以抢占先机。此外，城市供热产业未来 3—5 年新增需求复合增速达 15%，具有巨大可持续的需求，高污染、低效率的发展现状有利于企业通过系统化的节能环保技术对供热系统工艺、设备、设计等进行改善提升。

——在房地产领域，迈入平稳发展的"白银时代"。发展空间依然广阔，但区域分化、市场细分、产品升级的特征凸显，企业竞争日趋激烈。城市群蕴含巨大发展空间，一线城市投资潜力最为稳定，东部及中部快速崛起的二线热点城市将吸纳可观的投资需求，三四线城市持续低迷；房地产行业从简单的产品开发向"开发＋服务＋持有经营"并重转变，传统商业业态向体验式转变。产业协同模式更普遍，具有永续现金流的康养地产细分领域前景广阔，宜以开发为龙头、协同康养技术切入打造全产业链的特色产品和服务。

——在金融领域，伴随着国家"供给侧结构性改革"和去杠杆化政策的不断推进，多层次资本市场逐步建立，市场调节机制趋于合理，牌照为王的时代已经落幕。面向未来，金融行业呈现出四大发展趋势：一是利率汇率市场化。传统息差收入走入困境，对金融机构的资产配置和成本控制能力提出了更高要求。随着人民币汇率市场化程度提高，市场主体逐步适应，汇率预期总体趋稳。二是平台信息化。以"去中心化"为核心的互联网金融显著提升金融行业运行效率。随着监管加强，互联网金融脱虚入实，良性循环成为必然趋势。三是经营混业化。混业经营是大资管时代的必然结果，推动金融行业综合化与集团化发展，促进客户信息共享和风险联动控制成为企业制胜关键。四是服务普惠化。普惠金融较好补足金融结构性短板，有效满足小微企业、中低收入阶层投融资需求，将成为中小型金融机构快速发展的重要支撑。

新五矿新优势，做优做强做大

与此同时，战略重组后的新五矿，在多个方面彰显新的优势：一是全球金属矿业行业地位进一步提高。在全球金属矿产行业中，新五矿的体量已超过必和必拓、力拓、淡水河谷三大矿业巨头，成为全球金属矿产行业的"航空母舰"，也是名副其实的中国金属矿产行业的"国家队"。新的中国五矿金属矿产资源储量丰富，境外矿山遍及亚洲、大洋洲、南美和非洲等地，在国内外拥有一批世界级优质矿山，铜、锌、镍等资源量进入世界第一梯队，钨、锑、铋资源量位居全球第一。

二是全产业链整合能力大幅提升。新的中国五矿在全球金属矿产领域，率先打通了从资源获取、勘查、设计、施工、运营到流通的全产业链通道，形成了为金属矿产企业提供系统性解决方案，和工程建设运营一体化、全生命周期的服务能力。这是新五矿区别于其他国际矿业巨头的独特优势，也是新中国五矿再造发展新优势的巨大空间，不仅提升了新五矿在金属矿产行业的控制和配置能力，更大大提升了在整个行业的竞争力和话语权。

三是资产结构配置更加合理。新的中国五矿资产组合更加合理，抗风险能力显著提高。产业分布方面，不仅在金属矿业领域拥有一流的专业能力，同时在基础设施建设、战略新兴产业、房地产、金融等领域优势突出，从企业整体来看，主业突出、适度多元，既可以以丰补歉，又可以扬长避短，为应对金属矿产行业周期波动、实现持续稳健发展提供了较大回旋空间。区域分布方面，新五矿境外资产比重约占四分之一，境外机构与工程项目遍布全球 60 多个国家和地区，为抓住全球经济格局调整机会、打造真正意义上的全球化企业创造了良好条件。

四是人才和技术优势更加突出。新的中国五矿不仅拥有一大批工程建设人才、专业贸易人才，而且拥有国际化程度高、实践经验丰富、中西合璧的优秀管理团队，累计有效专利数量位居中央企业前列，是国内金属矿产领域当之无愧的技术龙头。

重组后的中国五矿拥有更加突出的行业地位、更加合理的业务组合、更加突出的发展优势，对内将产生巨大的协同效应，对外将展示强大的综合实力。新五矿是国家获取金属矿产资源的战略主体，肩负着保障国家金属矿产资源供给和安全的责任，在落实国家"一带一路"和"走出去"战略中将发挥更加核心的平台作用。新五矿站在打造世界一流金属矿产企业的高度，必将承担起引领中国金属矿产行业走向更高水平的国家责任。

◎五大发展理念：掀开关系我国发展全局的一场深刻变革

"我们人民共和国的航船正在破浪前进，我们比历史上任何时期都更接近中华民族伟大复兴的目标……"

承载着 5000 多年灿烂文明和近现代以来波澜壮阔的历史，承载着一代又一代华夏儿女伟大复兴的梦想，承载着改革开放以来积累的力量，党的十八大以来，以习近平同志为总书记的党中央始终挺立时代潮头，引领"中国号"巨轮，向着实现中华民族伟大复兴的光辉彼岸前进……

从确立"两个一百年"奋斗目标到提出"中国梦"，从统筹"五位一体"总体布局到协调推进"四个全面"战略布局，从把握中国经济发展新常态到牢固树立五大发展理念……蕴藏鲜明时代内涵的治国理政总体方略与时俱进、不断发展，为实现马克思主义同中国实际相结合的又一次历史性飞跃奠定了坚实基础，推动中国特色社会主义迈向新的境界。

发展速度在换挡，发展方式在转变，经济结构在调整，发展动力在转换。

创新、协调、绿色、开放、共享——党的十八届五中全会，鲜明提出五大发展理念，掀开关系我国发展全局的一场深刻变革。

在开启中国梦新航程中，经济持续健康发展是"中国号"这艘航船行稳致远的主发动机。认识新常态、适应新常态、引领新常态，十八大以来，党中央牢牢把握住经济发展的主动权。

放眼全球，国际金融危机发生多年，全球经济复苏持续乏力，发达经济体走势呈现分化，新兴经济体增长反复波折。

审视国内，经济处于"三期叠加"阶段，增长新动力不足和传统旧动力减弱的结构性矛盾突出，一些企业经营困难，经济增速从 2012 年起放缓至 8% 以下……

沧海横流，首在掌舵。

加强党对经济工作的领导能力，在较大下行压力情况下实现稳中有进、稳中向好，是党中央治国理政的鲜明特点。

胸怀全局，方能牢牢掌控发展主动权。

这是一个不太为人所关注的细节——

"我国经济已由较长时期的两位数增长进入个位数增长阶段。在这个阶段，要突破自身发展瓶颈、解决深层次矛盾和问题，根本出路就在于创新，关键要靠科技力量。"2013 年 3 月 5 日下午，人民大会堂，习近平总书记在参加他所在的十二届全国人大一次会议上海代表团审议时，对经济发展进入新阶段作出重要判断。

从 2014 年 5 月在河南考察首次提出"新常态"，到 2014 年中央经济工作会议对"经济发展新常态"作出系统阐释，再到 2015 年中央经济工作会议深入论述对经济发展新常态"怎么看"和"怎么办"，经济宏观调控思路进行重大创新，打响供给侧结构性改革攻坚战，坚定不移走高质量发展之路……以习近平同志为总书记的党中央深刻把握经济规律，认识不断深化。

认识新常态、适应新常态、引领新常态，这是当前和今后一个时期中国经济发展的大逻辑，也是党中央高瞻远瞩、审时度势综合分析世界经济长周期和我国发展阶段性特征及其相互作用作出的重大判断。

理念上更加清晰——

过去依靠粗放式发展实现高增长的模式一去不复返了，转方式调结构是绕不过去的历史关口，必须摒弃传统发展思维，按照创新、协调、绿色、开放、共享的新理念谋划发展。

行动上更加坚决——

加减相伴，破立并举。简政放权、结构调整、改革创新，去产能、去库存、去杠杆、降成本、补短板，增强供给体系的适应性和灵活性，提高全要素生产率。

红色江山，得有强大的物质基础。在经济领域前行的队伍中，习近平总书记始终高度重视国有企业，多次强调和论述，对国有企业的性质、定位、方向做出了一系列重要论述和判断。

2016 年 7 月 4 日，全国国有企业改革座谈会召开。习近平总书记在重要指示中强调，国有企业是壮大国家综合实力、保障人民共同利益的重要力量，必须理直气壮做强做优做大，不断增强活力、影响力、抗风险能力，实现国有资产保值增值。要坚定不移深化国有企业改革，着力创新体制机制，加快建立现代企业制度，发挥国有企业各类人才积极性、主动性、创造性，激发各类要素活力。要按照创新、协调、绿色、开放、共享的发展理念的要求，推进结构调整、创新发展、布局优化，使国有企业在供给侧结构性改革中发挥带动作用。要加强监管，坚决防止国有资产流失。要坚持党要管党、从严治党，加强和改进党对国有企业的领导，充分发挥党组织的政治核心作用。各级党委和政府要牢记搞好国有企业、发展壮大国有经济的重大责任，加强对国有企业改革的组织领导，尽快在国有企业改革重要领域和关键环节取得新成效。

从问题导向、实践立场出发，到理论升华、理论创新，习近平总书记在国企改革发展方面做出了一系列重要判断和论述，形成社会主义市场经济条件下推动国有企业发展的根本性、规律性、系统性理论体系，成为习近平新时代中国特色社会主义思想的有机组成部分，为新时代国有企业沿着正确道路前进提供了科学指南和行动纲领。

党的十九大上，习近平总书记登高望远，擘画出宏伟蓝图，提出培育"具有全球竞争力的世界一流企业"的战略目标，进一步为国有企业尤其是中央企业指明了方向。

中冶大厦

新五矿新征程

一家巨亏 180 多亿元，一家刚走出困境……重组时，两家企业都处于发展"关键期"，携手踏上新征程。

战略重组以后，新中国五矿综合实力大幅增强，行业品牌影响力和信誉度显著提升。在行业环境异常严峻的情况下，国际权威信用评级机构给予了集团公司较好评价，新的集团公司保持住 BBB+ 的水平，为下一步优化资源配置、获得发展先机创造良好条件。

新中国五矿在规模体量方面已经远远超过力拓、必和必拓、淡水河谷世界三大矿业巨头，更形成了为金属矿产企业提供系统性解决方案和工程建设运营一体化全生命周期的服务能力，具备了独特的全产业链竞争优势。

◎迅速落地的战略重组

更加突出的行业地位、更加合理的业务组合、更加明显的发展优势……

从打造世界一流金属矿产企业的高度，新五矿着眼做强做优做大，战略重组迅速落地，承担起引领中国金属矿产行业走向更高水平的国家责任。

战略重组迅速落地

重组后，中国五矿与中冶集团已经成为荣辱与共的"大家庭"、血脉相连的"一家亲",心往一处想,劲往一处拧,一个调子齐合唱,一门心思干事业,使重组红利得到全面释放。

一是统筹做好顶层设计。坚持战略先行,新的中国五矿按照打造世界一流金属矿产企业集团的战略定位,高起点、高标准做好顶层设计和"十三五"规划,用清晰的战略来引领业务发展,用大发展的气魄和思路来解决现实问题。

二是加快管理有序对接。重组后,新的中国五矿3个月内完成了职能部门的初步对接,保证了上传下达和日常工作的正常运行。按照现代企业制度要求,尽快完善了制度体系,规范理顺了集团公司决策机制与流程。对各二级企业建立以资本为纽带的母子公司管理体制,持续推进授权体系和二级企业董事会建设,合理制定权责界面,明确授权清单,切实发挥二级企业市场主体作用。

三是稳妥推进整合融合。本着先易后难、审慎果断的原则,优化业务布局,在重点领域推进业务整合与协同。握紧拳头、形成实质性合力,扩大海外资源开发、工程承包建设、房地产开发等领域的规模效应。建立沟通与协同机制,深入交流、取长补短,加强在钢材集中采购销售、海外网络建设、科技研发、综合服务等领域的产业衔接。

干部领跑,团队奋进

船的力量在帆上,人的力量在心上。

新的中国五矿牢固树立"以人为本"的理念,设身处地照顾平衡好两家企业干部职工的问题关切和利益调整,把个人的理想追求、事业追求、物质追求、精神追求都汇聚成发展的强大动能，并在共享大发展的成果中使每个员工的价值都得到充分体现和实现。

重组后的中国五矿集团公司正处于转型升级、逆势突围的特殊历史时期，正处于打造世界一流金属矿产企业集团、成为金属与矿业领域"国家队"的关键时期，为了能够坚定信心、团结一致、凝聚共识、奋勇拼搏，用新的境界、新的风貌、新的高度想工作抓工作，确保所有工作落地踩实、执行到位、取得成效，新五矿整顿干部作风，重树"五矿信心"。

新五矿弘扬"一天也不耽误、一天也不懈怠"的埋头苦干精神，秉承"珍惜有限，创造无限"的发展理念，立志要通过不懈努力，把新中国五矿集团打造成"青年人理想向往的高地，中年人创业发展的平台，老年人休养生息的港湾"，谱写新中国五矿集团新发展大发展的精彩篇章！

▶ 延伸阅读 ‖‖‖

新五矿的明天什么样？

《经济日报》记者　李景

　　"新中国五矿将坚定不移按照'三步走'战略，到 2020 年实现'三步走、两翻番'！"在 2017 年初召开的中国五矿年度工作会上，中国五矿集团公司总经理、党组副书记国文清提出集团未来的发展目标。

　　所谓"三步走、两翻番"即：第一步，到 2017 年底，实现利润 100 亿元，比 2016 年翻一番，完成止血控亏、改组改造的过渡期任务；第二步，到 2018 年底，实现利润 200 亿元，比 2017 年再翻一番，完全具备国有资本投资公司功能；第三步，到 2020 年，在金属矿产品方面，钨、锑保持世界第一，铜、镍、铅锌在国际上具有较强影响力和一定控制力，具备全球配置矿产资源能力和产供贸一体化能力，实现"中国第一、世界一流"中国金属矿业集团目标。

　　2016 年是中国五矿与中冶集团战略重组的第一年，组成我国金属矿产行业"航母"后，外界普遍关注重组后的新中国五矿在实现"十三五"良好开局后，将有哪些新动作。

　　国文清坦言，尽管在过去一年里，新中国五矿在全球金属矿产行业普遍低迷、我国金属行业去产能背景下实现逆势而上，但在未来的发展中，集团面临的挑战依然不容小觑。从国际上看，2017 年全球经济仍将处于艰难复苏进程中，影响全球的各种不确定因素增加，国际经贸规则体系面临深刻变革，贸易保护主义抬头；发达国家货币政策转向，资产价格和商品价格将受到直接影响，新兴经济体可能会受到较大冲击。从国内形势上看，虽然供给侧结构性改革将向振兴实体经济发力聚力，金属矿业市场也出现周期性复苏迹象，但行业内部基本面支撑仍显不足，加上美元升值和投机炒作的影响，整体来看，既有上涨趋势，也存在大幅波动的概率。

"从新中国五矿面临的机遇与挑战看，2017 年的主要机遇包括金属矿产品需求总量稳定增长，以及多元业务市场发展空间广阔等。但在价格短期持续震荡、市场不确定性增大、行业利润空间缩小竞争加剧等方面仍然面临巨大挑战。"国文清表示，具体来说，目前，矿产资源环节新增产能集中释放期基本结束，资源格局调整加剧，低成本、高品位、长周期矿山成为业内竞相争夺的对象；在冶炼加工环节，整体结构调整仍未完成，去产能压力巨大，规模化、高端化、定制化冶炼加工成为行业竞争的主战场；在冶金工程环节，市场需求主要来自于技术改造、产能升级和向"一带一路"沿线国家的产能转移。其中，"一带一路"沿线矿产资源开发程度较低且需求增长较快，70% 以上国家和地区钢材依靠进口，基础设施建设投资每年需求介于 1.8 万亿至 4 万亿美元之间，因此在资源开发、贸易和基础设施建设等方面仍具有较大的市场空间；在金属矿产品流通环节，由于大宗商品价格震荡波动加剧，风险也将加大。资源、物流、信息、金融、风控成为国际竞争的关键要素；在新材料环节，国内深加工产业与国外一流企业相比仍有差距，产业发展主要依靠新材料精深加工技术的持续创新。

针对这些问题，2017 年，新中国五矿将目标锁定努力实现营业收入和利润大幅增加，并将对重组后的各大业务重新归纳分类，全面构建集群型、体系化的业务格局。

"毋庸讳言，目前集团所属企业很多，有好的，也有困难的，因而 2017 年我们将继续落实'三去一降一补'任务，坚决打赢止血控亏攻坚战，切实清除各类风险。"国文清表示，新中国五矿将继续发挥产业链优势，首先要通过打造千亿内部市场来带动整合融合，消除产业链各环节之间断缝，向产业链的连接处发力，降低交易成本，打造集成能力。同时，要以整合融合为契机，全面加强基础化管理，持续强化管理管控。此外，新中国五矿 2017 年还将以 29 个国家级重点实验室和科技平台为抓手，大力实施科技创新。

"科技实力是企业价值含金量和核心竞争力的集中体现。因此，我们要始终高举科技类企业的旗帜，通过科技创新加快提升传统动能、培育新动能。"国文清说。

第二章

闯关・夯基

从管资产向管资本转变——中央对国有企业的认识在加深，要求也在不断深化。

2016年7月，中国五矿被批准为中国金属矿产领域国有资本投资公司试点。

"重组后的中国五矿集团有限公司被列为第二批国有资本投资公司试点，这是党中央、国务院、国资委对五矿重组后综合实力的极大肯定。集团公司在国内金属矿产行业的龙头地位将进一步巩固，这意味着新五矿将承担国家赋予的更重要的责任，将争取到更多的政策支持以及并购重组机会。这一领军地位的确立，将对企业做强做优做大提供巨大空间、产生深远影响。"2016年7月29日，中国五矿集团2016年年中经济运行分析会上，国文清说。

2017年，经国务院国资委批复同意，中国五矿集团公司更名为"中国五矿集团有限公司"，企业类型由全民所有制企业变更为国有独资公司，正式明确了国有资本投资公司的法人平台。

新中国五矿作为国务院批准的国内金属矿产领域唯一的国有资本投资公司，致力于打造"中国第一、世界一流"的金属矿业集团，承担保障国家金属矿产资源供给和安全的重要使命。

两家企业重组带来了巨大的正能量。而被国务院列为金属矿产领域唯一的国有资本投资公司试点企业，更为新中国五矿的发展提供了巨大空间。

面对大有作为的重要战略机遇期，同样面对诸多矛盾叠加、风险隐患增多的严峻挑战，新的中国五矿迅速整合团队，找准出血点，解决邦巴斯项目社区问题、五矿稀土保壳、五矿营钢长期亏损和五矿资本上市等一系列重大问题，排除了堵塞发展的阻碍。

闯关夺隘，夯实基础，从披荆斩棘、负重前行到破势而出、逆势攀升，再到砥砺奋进、蓄势勃发，在正确的战略引领下，新五矿始终坚持改革创新不停步。

◎连闯四大发展"关隘"

无论是化解过剩产能、改善生态环境，还是推进供给侧结构性改革，新五矿都以投鞭断流的气势、背水一战的意志努力奋斗，打赢改革攻坚战、迈向发展新境界。

第一关：攻坚克难，妥善处置邦巴斯矿区问题

重组后的"第一关"，就是妥善处置邦巴斯矿区问题。

2014年4月，中国五矿与国新国际、中信金属组成联合体，共同收购秘鲁拉斯·邦巴斯（以下简称"邦巴斯"）铜矿项目。一年多时间里，中国五矿按照党中央、国务院提出"将这一世界级铜矿建设好、运营好"的要求，积极推进项目建设。

从全球消费结构来看，中国是世界最大的铜消费国，约占全球的一半。

从全球资源供应来看，铜矿主要集中于南北美洲西海岸、非洲中部、中亚地区及俄罗斯的西伯利亚，储量前两位的国家是智利和美国，分别占世界的38%和7%。近几年，部分在产矿山资源

储量接近枯竭，蒙古、智利、刚果（金）、秘鲁等地多个新项目或扩建项目陆续投产。与世界著名铜矿产出国相比，国内铜矿资源中小型矿床多，平均品位较低。

由于全球供求的区域不平衡，对于中国来说，铜始终属于"资源在外"的稀缺品种，对外依存度很高。邦巴斯项目是全球最大的在建铜矿项目，也是一个世界级优质矿山，与国内外其他矿山相比，有着显著的优势。

一是资源储量大。目前已查明及潜在铜资源储量超过1088万吨，相当于国内总储量的1/8。在该储量下估算，服务年限可超过20年。二是精矿品质高。铜精矿含铜37%—39%，砷及其他杂质含量低。而国际市场主流铜精矿品位约在25%—33%，部分杂矿、混矿的品位更低，杂质较多。三是生产规模大。达产后，年产铜精矿含铜32万吨（其中前5年年均产铜45万吨）。四是生产成本低。达产后现金成本位于全球铜矿山最低25分位，是业内公认的低成本铜矿山。五是找矿潜力大。矿区面积3.43万公顷，仅探测了3000公顷，占矿区总面积约10%，未来资源勘探潜力巨大。

邦巴斯项目于北京时间2014年8月1日与嘉能可正式完成资产交割。交割完成后，中国五矿高度重视邦巴斯项目后续建设，紧锣密鼓开展对接整合、建设推进、社区搬迁等一系列重要工作。通过前后方团队的共同努力，于2016年一季度按期建成投产。

在邦巴斯项目的建设过程中，中国五矿还及时调整工作策略，积极推进项目所涉及家庭的搬迁工作，加强安全生产和环境保护，

"以安全为核心价值"，在移动设备操作、轻重卡车会车、航空管理标准等方面给予重点关注。

邦巴斯铜矿按期投产达产，高度重视并有效解决矿区及周边环境、社区安置问题，迅速投入商业化运营，对五矿集团意义重大。2018年，全年生产铜精矿含铜约40万吨，稳居全球前十大铜矿之列。除了旗舰项目邦巴斯铜矿，加上刚果（金）金赛维尔铜矿的稳定表现，五矿资源全年全口径产铜达46.6万吨，稳居中国乃至亚洲公司铜产量之首位。

第二关：五矿金融资产重组上市

第二关是五矿金融资产重组上市。这是A股首例央企金控平台上市项目，融资规模很大，加之资本市场监管全面从严，一启动就备受市场关注。五矿集团公司领导亲自挂帅、多方协调，参与项目的各方团队克服诸多重大监管政策变数和技术困难，全力高效推进，在市场上赢得了"五矿效率"的赞誉。配套融资获4倍超额认购，最终项目无条件通过证监会审核，顺利完成资产交割，150亿元资金到账，降低集团公司负债率，大幅优化了资本结构，同时突破了金融业务发展的资本瓶颈，是具有里程碑意义的项目。

第三关：五矿营钢战略重组

第三关是五矿营钢战略重组。多年以来，五矿集团公司对营钢先后投入上百亿元，但并未实现预期的战略目标，而且由于外部市场以及内部经营管理方面诸多原因，2011年之后5年累计亏损数十亿元，成为心中之病、心头之痛。2016年初，集团公司做出战略性决策，在国资委的指导下，精心设计、积极协调，克服重重困难，与鞍钢、日钢、辽宁省和营口市政府反复协商谈判，最终形成了战略重组方案。方案的实施将有利于堵住重大出血点，以现金形式收回大量债权，最大程度减少企业和社会损失。

第四关：成功维护五矿稀土上市公司地位

第四关是成功维护五矿稀土上市公司地位。五矿稀土连续两年亏损，被实施ST警示。为维持其上市公司地位，保护上市公司120亿市值，维护资本市场形象，集团公司及时启动并完成五矿稀土的资产重组工作，为后续彻底解决上市公司产业发展和平台优化问题抢出了时间、预留了空间。

◎打响"生存保卫战"

战略问题，一般是事关发展方向乃至生死存亡的重大问题，对一个国家如此，对一个企业同样如此。

"企业总部的战略引领能力和整个业务，如能跟时代吻合，企业就会发展好。在这方面，集团领导确确实实发挥了非常大的战略引领作用。集团领导就一直在抓这个战略落地。"在中国五矿集团战略发展部副部长张义眼里看来，从2016年提出"两年止血、三年造血"，到2017年提出"三步走、两翻番"目标。再到2018年年初打造五矿"四梁八柱"业务体系，新的中国五矿"战略非常连贯"。

这是新五矿"互补式重组"历程中具有里程碑意义的时刻——2017年，新五矿的年度《工作报告》鲜明提出"三步走、两翻番"的发展目标。

"'三步走、两翻番'，是国文清总经理亲自加到工作报告中去的，这六个字简明扼要，极其清晰。因为当时市场非常严峻，人人心里都缺乏信心、觉得没底，'三步走、两翻番'的战略引领目标一石激起千层浪。现在回头看，恰恰是这看似简单六个字，倒逼企业义无反顾、绝境重生，在困局中闯出了一条高质量发展之路。"中国金属矿业经济研究院院长、集团办公厅原副主任金志峰回忆说。

利润要"两番"，谈何容易？

"两年止血、三年造血"，也绝非易事！

新五矿打响了生存保卫战。

积极调整重点子企业名单

重组，首先是物理的融合、架构的融合。

一手抓顶层设计，一手抓对接融合，新五矿实现集团总部良好开局和稳步运行。

抓顶层设计方面，新五矿及时调整总部职能与机构设置，集中打造权威、高效、精简总部。一级职能管理部门数量由17个压缩到11个，伴随干部的及时就位、队伍的平稳过渡，保持了集团总部的正常运转。

新五矿又迅速组织精兵强将，完成了新中国五矿"十三五"发展战略规划，成为近两年中央企业重组后完成战略顶层设计的第一家。

继而，又进一步明确了党组会、董事会、总经理办公会的权限范围和决策流程，公司治理进一步优化。

在综合考虑企业历史行政沿革、企业人数和规模、战略和区域作用等因素基础上，新五矿确定了 97 家重点子企业名单（不包含 14 个直管单位），解决了企业在发展定位和对外交流合作中的实际问题。

新五矿又按照尊重历史、立足当前、着眼未来的总体原则，充分尊重和考虑企业历史成因和行政体系、战略意义和行业影响、业绩贡献、人员和资产规模以及未来成长战略性等多方因素，构建量化评价模型，将重要骨干子企业名单调整并划分为一类、二类，为高质量推进集团公司对子企业实行差异化管控奠定坚实基础。

重组后，新五矿加快建立和完善具有中国特色的现代国有企业制度，加强党的领导，有效划分企业治理主体权责边界，规范董事会建设，形成有效制衡的法人治理结构是党和国家深化国有企业改革的核心。

通过进一步完善顶层设计，优化总部机构职责，调整优化集团公司组织管控体系和管理机制，规范子企业董事会建设，新五矿构建了规范、高效的公司治理体系，为实现集团公司真正成为国有资本投资公司的战略定位奠定了坚实基础。

有色业务分拆

重组后，新五矿对整个集团的业务进行了进一步的拆分与归并，为更好打造内部千亿市场，明确了各个企业的职能划分，加强了企业间的协同合作，在做强主业的原则下，推进了下属有色金属企业和黑色金属企业的改革进程。

2016 年 7 月，有色控股拆分，将上市平台公司中钨高新拆分为独立的管理平台，将柿竹园、新田岭、瑶岗仙、香炉山、远景、黄沙坪等钨矿山企业和株洲硬质合金厂、自贡硬质合金厂、南昌硬质合金厂等深加工企业注入中钨高新的平台，总部设在株洲。

湖南有色作为有色金属的龙头企业，在 2014 年与五矿有色控股合并，组成五矿有色金属控股集团有限公司，注册地在湖南。有色控股产值最高时约 1400 亿元，是湖南第一个过千亿的企业。重组前，正值世界有色金属行业周期下行时期，2016 年 2 月，有色控股分拆为五矿国际与有色控股，两者定位不同，五矿国际专注于海外有色金属产业与有色金属贸易（除稀土与锑外），有色控股是国内资产，旗下主要企业包括株冶、株硬、锡矿山、水口山、柿竹园、青海盐湖公司、五矿铜业、广西华锑等二三十家企业，还包括中钨高新、五矿稀土等上市公司和事业部。

在市场下行的巨大压迫下，有色控股连续巨额亏损，资金严重紧张，长时期处于艰苦卓绝的困境中。

五矿重组后，经过调整的有色控股面临前所未有的困难：所属企业"老的老、小的小"。主力企业水口山、锡矿山都是百年老企业，建厂超过 120 年，株冶、矿山院建厂超过 60 年；金铜、盐湖、新材料等新建企业都处在建设期或试生产期，青黄不接。其中有 20 家企业被列入僵尸特困企业名单，企业资产质量差、出血严重。

截至 2016 年底，有色控股管理口径下的 112 家单位，亏损 72 家，利润总额为负 14.58 亿元，遭遇债务支付和资金链危机，个别企业出现贷款逾期风险。同时随着国家《环保法》的实施，水口山、锡矿山等老企业环保风险加剧，株冶集团的铅锌冶炼被要求限期关停，绿色转型升级改造迫在眉睫。

达摩克利斯之剑，高悬头顶。

有色控股当如何生存？出路在何处？有色控股人，从上到下在思索。

2018 年 6 月份，中国五矿对有色控股管理关系进行调整。将有色控股分为湖南有色和五矿稀土，将五矿盐湖划为集团公司直管。上市平台公司五矿稀土从有色控股的下属单位变成平行单位，将稀土与锑企业装入，旗下的企业主要有锡矿山、广西华锑、赣州稀土、江华稀土等。昔日的有色控股，变成了今天的湖南有色，下属企业落实为七家：株冶、水口山、铜业公司、有色投资公司、有色置业公司、中央研究院、有色新材料。

处僵治困，迅速止血

从 2016 年开始，国务院国资委要求中央企业的"僵尸企业"户数每年减少三分之一，用三年左右时间，基本完成处置任务。

五矿重组后，抓紧处置僵尸及特困企业。相关企业坚持一企一策，进一步夯实工作方案，确定牵头责任人，明确目标时点，确保严格按照计划推进。

重组之初，过去多年高速发展积累的问题逐步凸显，国务院国资委确定的所有央企的僵尸及特困企业共计752家，新五矿有104家，占到了14%，2016年仍有58家在亏损，合计亏损44.7亿元，沉重的历史包袱影响了企业的发展。

新五矿下最大决心、以最大力度"处僵治困"。

直管单位发挥主体作用，中冶集团、湖南有色、五矿矿业等"任务大户"明确责任人、倒排时间，按计划、按节点扎实推进逐项任务。

五矿总部加强考核引导，必要时直接出面与地方政府、其他股东沟通协调。调配内部资源，充分利用内部平台安置僵尸企业和特困企业的员工，并把员工子弟作为企业补充基础性人才的来源；把握"三供一业"分离移交的政策机遇期，倒排时间、倒逼任务，把配套政策和补助资金等用好用足；确保国有资产不能流失，有效资产不能当作无效资产，职能部门"站好位、卡好位"，理直气壮"扛起责任"。

水口山、锡矿山这两家困难多、负担重的百年老企业，通过实施"聚焦主业、分离辅业、盘活资产、创新机制、分块突围"的分立改革，迅速止血，重获新生，扭亏为盈。营钢《关于国有股权划转的职工安置方案》获职工大会通过，战略重组又向前推进一步。中硅高科加强精细化管理、开展技术改造提升、抢抓市场机遇，实现高额盈利。上海一钢机电多渠道分流安置员工，取得员工、企业、社会三赢的效果。湘氟、有色重机、山西昇运破产清算取得突破性进展。集团公司提前完成国资委挂牌督导的"僵尸特困"企业年度处置任务,实现控亏止血目标。

水口山彻底摘掉"僵尸企业"的帽子

为能够加快除僵治困的步伐,新五矿对各企业领导班子进行调整和重组。

湖南有色是湖南省的第一个千亿企业,然而到了 2015 年,湖南有色大幅亏损,经营困难,当时的湖南有色就像一个"癌症病人",下属企业中有 20 家僵尸特困企业,在五矿集团中是倒数第一的"老大难"。

2016 年,湖南有色开始实行改革,2017 年全面实施,虽然过程很艰难,然而大家从毫无信心到坚定信念,从 85% 亏损到再铸辉煌。湖南有色的 112 个法人企业,按照国资委和集团的政策,退出一批、重组一批、发展一批,终于上下齐心,壮士断腕,再铸辉煌。

面对这样一个负担极重的百年老企业、有 62 年历史的中国有色金属老企业、连续多年年均亏损超过 1.5 亿元的庞大企业,湖南有色控股集团总经理赵志顺如履薄冰。

如何让湖南有色下属的水口山有色金属集团有限公司摘掉十年亏损的帽子,让这个 123 年的老企业顺利转型升级?如何响应习近平总书记五大发展理念的号召,实现 63 年老企业株洲冶炼集团的转移、转型?如何实现水口山产业升级,建设铜铅锌产业基地,承担起央企的重大责任,使得整个湖南有色除旧迎新,萌发生机?

国文清与水口山干部职工亲切交谈

为了树立五矿信心，增强五矿动力，国文清多次来到湖南，让有色人颇为振奋，也颇感压力，甚至赵志顺带头，班子成员全年取消休假。

湖南水口山有色金属集团有限公司前身为水口山矿务局，1896 年，在"洋务维新，实业救国"的思潮影响下，清朝政府设立了水口山铅锌矿局，成为中国矿产业的先驱，鼎盛时期，产量居世界之首，公认为"世界铅都"，已有 123 年的开采历史。水口山还是著名革命老区，在毛泽东的指导下，1922 年就建立了水口山矿党团组织，传播马列主义，开展了震惊中外的水口山工人运动，宋乔生、耿飚等老一辈无产阶级革命家由水口山奔向井冈山，走上革命道路。

新中国成立后，水口山迅速组织矿山的排水复工，铅锌冶炼恢复生产，为国家提供急需的铅锌金属，并援建了黄沙坪铅锌矿、株冶、韶冶等 20 余家企业，被誉为"中国铅锌工业摇篮"。水口山还为"两弹一星"、神舟飞船的成功研制做出了突出贡献。

20 世纪八九十年代，水口山联合北京有色研究总院（中国恩菲公司）研发了"水口山炼铅法""水口山炼铜法"，实现了炼铅、炼铜技术的重大突破，得到国内外广泛应用。

2009 年，水口山加入湖南有色，整体并入中国五矿。

在上级公司坚强领导下，水口山公司众志成城，在举步维艰中"抗危机，求生存"，但由于历史包袱太重，历史遗留问题复杂多变，水口山公司于 2016 年被国务院国资委列为僵尸企业，改革发展遇到了前所未有的困难和挑战。

中国五矿旗下湖南水口山有色金属集团有限公司铅冶炼生产

　　新五矿于 2017 年 10 月份，对水口山公司的领导班子进行了调整，将当时正在中国中冶子企业辽宁葫芦岛锌业公司主持工作的王明辉调任水口山公司主持工作。

　　王明辉是抱着义无反顾的态度只身来到水口山的，在他的桌子上，最显眼的东西就是计算器，他是全公司的预算员、估算员。

　　对于王明辉的到来，老水口山人多多少少还是有些不适应。

以前 50 个电工，报 100 根电笔，每个人两根，任性用；60 个勘探员，报 100 个盒尺，坏了就扔掉再换一个。可现在不行了，就生产一把铁勺子，王明辉都会敲着计算器，算出需要多少钢板，根据市场上钢板的价格，制造费用和管理费用，核算一把铁勺子的制造成本。

新五矿的精细化管理在水口山被落实到一点一滴，"一天也不耽误，一天也不懈怠"的精神得到认真践行。水口山的办公楼以前下午一下班就漆黑一片，大门紧闭，如今这里的夜晚时常灯光闪烁。

尽管事无巨细的确很辛苦，但是面对这样一个观念、作风、机制都有问题的百年企业，要想迅速摘掉"僵尸企业"的帽子，就要事无巨细，才能迅速转变观念、转变机制、转变作风。为提高能力、提高效益、提高效率，扭转这个百年老国企故步自封的局面，新班子迅速找到水口山的止血点，确定战略，严抓管理，励精图治。

重组后，湖南有色按照上级"保障国家金属资源供应"和"资源保障主力军"的战略定位，结合水口山百余年发展形成的矿山资源优势和采选人才优势，提出"打造有色金属全产业链"。水口山领导班子科学制定了"优先发展矿业、做优做强铍业、绿色发展铅业、谋划新兴产业"的发展战略，终于在 2018 年彻底摘掉了"僵尸企业"的帽子：全面改革脱困，实现利润总额 2.06 亿元。

如今的水口山，办公区再也不是三年前坑坑洼洼的破旧路面，招待所也不再是当年的旧房破瓦，虽然办公楼依旧是曾经的小二楼，办公区还是当年那么大，然而，这里已经绿树成荫，生机勃勃。

每晚，都有退休的老水口山人到办公区来遛弯、散步，看着灯火闪烁的办公楼。曾因收入低而离开的年轻员工，很多也回到了水口山。一位在三年里因工资收入翻倍终于买了房子、生了孩子、将老人从外地接来安享晚年的年轻员工声泪俱下地说："是新一届领导让我终于买得起一套房子，过上了好日子！"公司的财务人员终于可以扬眉吐气地到北京去出差了，不再担心别人皱着眉头问他："又来要钱了？"

脚下的路还很远，水口山还有深层矿源未曾开发，康家湾矿还有待发展……

壮士断腕，株冶迁移

2018年12月30日，漫天飘着雪花，这是十年来株洲最大的一场雪。雪后的株洲冶炼集团股份有限公司，房顶白了，货车轨道白了，巨大的人字管道也白了，一切静谧无声。

却有惊雷。

"我宣布，基夫塞特炉正式退出生产。"11点38分，株冶集团铅厂厂长廖舟冲着对讲机喊道。相机闪光灯咔嚓不断，他双眼泛光，搓了搓鼻子。

至此，株冶集团在清水塘片区最后一座运行的冶炼炉熄火关停。热闹了62年的大厂，如同窗外的雪花飘落到地上，归于平静。

这是一个时代的记忆。自"一五"期间落子株洲后，株冶与共和国共成长，塑造了一座城的工业基因。而今，响应政府号召，株冶搬迁至200公里之外的衡阳水口山。

清水塘，承载着株洲化工半个多世纪的沧桑记忆，更铭刻着几代株冶人的拼搏印记。

1956年，新中国刚成立几年，枕靠湘江的株洲北郊清水塘的甑皮岭，成为国家"一五"重点工程"铅锌冶炼项目"的所在地，一座大型有色金属冶炼厂开建，来自全国四面八方的建设者们，在这片荒芜上树起工业强国的旗帜，艰苦创业，风餐露宿，肩挑手扛，用汗水垒起一座座厂房，开启了株洲工业新城建设的辉煌篇章。

1958年11月，株冶首次从杂铜中生产出铜阳极板。1959年元月，铜精炼反射炉点火，4月铜电解投产，随即金银工段投产，铅电解一期工程竣工。那一年，一座号称"亚洲第一高"的工业烟囱在株冶伫立起来，成为株洲工业版图上的一个标志性建筑。

岁月如歌一甲子，斑驳记忆有荣光，当年的冶炼厂冰棍，很多老株冶人都记忆犹新；当年株冶的小伙子们，都是株洲婚恋市场上的"抢手货"；当年有的家庭一家几口人都在株冶上班，夏天分的西瓜都用板车拉回家……当年，就连冶炼厂的工装，都是值得路人羡慕的制服。

然而今天，这个拥有幼儿园、学校、冰棍厂、电影院、理发厅的"王国"，只剩下记忆中的碎片。

站在株冶的办公楼顶，看着眼前一片黑色的庞大建筑，恢宏的钢铁巨人已经沉寂，曾经的繁忙、喧闹和蒸腾似乎依稀可见。1991年，株冶的"火炬"牌铅锭、锌锭相继在伦敦金属交易所(LME)注册。1994年，株冶出口创汇突破一亿美元，成为湖南企业出口创汇首户。1999年，其银锭在伦敦金银协会和LME注册，成为我国最早的铅锌银三种产品均获国际认证的企业。

数年奋斗，一路凯歌，在那直指苍穹的高烟囱下，株冶成就了中国有色金属工业的标杆，跻身世界级铅锌冶炼行列的企业。

高峰期的株冶，正式员工超过 8000 人。仅从 1990 年算起，就创造产值 1658 亿元，上缴利税 100 多亿元，带动相关就业约 10 万人，是株洲首家年产值过百亿元的上市企业。

历史的年轮滚滚向前。当绿色、生态成为时代的全新命题，写满光荣与梦想的株冶，走到了历史的拐点。

曾经日子红火的化工冶炼企业，近些年因产能过剩、行业低迷、成本上升，纷纷遭遇"滑铁卢"。株冶严重亏损，又因为绿色发展要求，被列入国家老工业区搬迁改造 21 家试点之一。

既要金山银山，更要绿水青山，面对株冶的"二次创业"，株冶人感到了"内忧外患"的双重压力，他们拿出壮士断腕的勇气，一定要推动株冶重生！

为了株冶能够走得很远，许多人离开了，很多人在离开时哭了。"故土"难离，又不得不离。

关停老株冶，建设铜铅锌产业基地，工作涉及异地搬迁、关停、新项目的建设、生产衔接、人员分流。株冶广大干部职工顾大局、敢担当，在不到两个月时间内，基本完成近 5000 名职工的分流安置工作，也创造了国企改革的"株冶速度"，圆满实现五矿集团公司、湖南省委省政府提出的清水塘老工业区搬迁改造"一年初见成效、三年大见成效"的目标。

曾经的辉煌，仿佛都凝固在这一草一木、一墙一瓦、每一台机器、每一个螺丝钉之上，它们见证了株冶厂 60 多个年头的风雨历程。高高伫立的围墙、锈迹斑驳的管道阀门……都静静排列着，用简单而自然的方式向后人诉说着它们的一生。

如同告别时总会留下对于聚首的憧憬一样，退出，是对重生的承诺。

基地建设，再铸辉煌

在位于水口山有色金属产业园区的铜铅锌产业基地的建设过程中，无数株冶人，正在用自己的热血和青春，守卫株冶的尊严，他们要用自己的行动，再续株冶的辉煌！

铜铅锌产业基地锌项目所处的水口山有色金属产业园区位于湖南省衡阳市南部，距衡阳市 39 公里，距常宁市 37 公里，位于常宁市、衡南县与耒阳市三县市接合部，是三县市接合部的商品交换中心，厂区占地面积 1243.8 亩。

铜铅锌产业基地投资 100 余亿元，按照"整体规划、分步实施、有序衔接"的原则，分期实施新建 30 万吨锌、迁建 10 万吨电铅及稀贵综合回收系统、改造扩建 20 万吨铜工程，最终形成具有五矿特色的铜铅锌产业示范基地，其中锌项目是基地的支撑项目。

铜铅锌产业基地锌项目，针对株冶集团现有原料的特点，优先考虑综合回收，设计采用改良常规浸出工艺流程。项目建成后将以环境友好、低能耗、回收率高、综合回收好、渣资源化为基本原则，建成中国第一、世界一流的智能化锌冶炼企业。建设规模为锌产品年产 30 万吨，在生产过程中还回收铅、铜、镉、银、铟等有价元素,生产加工成品或半成品外售。副产硫酸共计57万吨。

2018年1月,基地正式开工。

工期紧,任务重,要求高,在五矿集团领导支持下,在湖南有色大力推动下,参建各方克服了雨季时间长、高温酷暑、低温雨雪冰冻等种种困难,共同保障了项目顺利实现四个零的目标(安全零事故、质量零缺陷,进度零滞后,投资零突破),于2018年12月26日实现投料试生产。

五矿有色金属控股有限公司铜铅锌产业基地锌项目的建成,标志着五矿集团将在国内锌冶炼行业占据领军地位,为集团公司打造从矿山、冶炼到金属深加工的全过程产业链,成为世界一流的金属矿产企业集团奠定了坚实基础。

在铜铅锌基地中,为了以最快的速度保质保量建设好亚洲最大的铅锌加工厂,让这个30万吨锌+30万吨铜+10万吨铅的铜铅锌产业基地尽快投产,所有的建设者都经受了巨大的挑战和强烈的情感冲击——这不仅是株冶的历史性转折,对所有的建设者来说,也是一场空前绝后的洗礼。

在热血沸腾、机器轰鸣的建设现场,笔者见到了一双双炯炯有神的眼睛,听到了一个个振奋人心的故事。那一双双眼睛里,饱含着几代人的期盼,凝聚着株冶人凤凰涅槃的决心。

从建设初始,基地就不缺少满腔热血的株冶人。

——有2017年6月26号,项目协议一达成,就带着钱包和身份证,只穿了一身工作服,只身前往基地,从两个村、14个村民组、3000多村民的搬迁工作开始做起的工程部部长;

施工时期的中国五矿铜铅锌产业基地

中国五矿铜铅锌产业基地建成投产

——有从 11 月 29 号开工仪式举行后，就开始没日没夜地推进通车、通水、通电，平整土地这"三通一平"任务的几个元老级基础建设者；

——有参加完晨会就慌慌忙忙赶回住处，换上西装跑去参加婚礼，婚礼一结束，当天就返回工作岗位的生产技术人员；

——有为了基地建设，妻子生完孩子还没满五天，就放下新生命，回到基地投入生产的成品厂管理人员；

——还有家里有生病的老母和需要照顾的亲人，却义无反顾地投入到火热的基地建设中的管理者……

这是一场前所未有的硬仗——

大家像哺育一个新生儿一样，精神亢奋、充满激情，双眼饱含澎湃的热情，双手充满勇往直前的力量，在重大工程面前的荣誉感和忠诚感、责任感和成就感，让他们迸发了无尽的潜力，勇往直前，决不退缩。

基地的进度和成就是有目共睹的：衡阳地区几乎所有的大型挖掘机都聚拢到了这块火热的土地上，70 多台夯机和挖掘机，130 台八轮渣土车，280 万方回翻土。这些开拓者们没日没夜地干，喊着"五加二白加黑"的口号，扛着严寒和酷暑，将这片原本荒芜的土地，变成了车水马龙、喧嚣沸腾、热火朝天的施工现场。

所有的收获，都浸染了开拓者的汗水和热血，工装成了他们从早到晚从不更换的标准着装，汽车的后盖成了他们的餐桌，露天的晨会和没过膝盖的泥巴是家常便饭，吊着输液瓶看图纸也不稀罕……冬天冒着严寒，在雪地里施工，在夹杂着冰凌的泥水里摸爬滚打；夏天暴晒在日头下面，后脖颈一擦汗就掉皮，火辣辣地疼，白白净净的大男人全都有了"黑白印"，黑的地方是安全帽盖不到的地方，白的地方是安全帽的边缘和带子遮住的地方……

如今，说起这些，这群开拓者们骄傲而自豪，激动而兴奋，国内同等规模的建设周期，最短是一年半的时间，而基地的建设者们仅仅用了 12 个月，就顺利竣工投产，把不可能变成了可能，他们用汗水和热血，重铸株冶的辉煌！

2018 年 12 月 26 日，位于水口山的中国五矿铜铅锌产业基地锌项目投料生产，株冶省内转移跨出标志性一步。2018 年，株冶集团当年实现 2.5 亿元盈利，过去的老革命根据地成功实现了脱胎换骨，重获新生。

老株冶和水口山从最初的 13000 名员工减少到如今的 7000 多员工，从最初的"僵尸特困企业"到如今焕发生机，堪称壮士断腕，终究再创辉煌。

2017 年之前，湖南有色是困难在前，光明在后。2017 年后，湖南有色在集团公司和湖南省委、政府的大力关心、支持下，坚决贯彻中央和集团公司、省委政府的指示和精神，加强党的领导，统一思想，提高认识；加强干部队伍建设，以作风建设为统领，查摆问题，分析原因，提出解决方案，努力打造一支忠诚、干净、担当的干部队伍；推行精细化管理，向管理要效益。

如今湖南有色处僵治困，向新的目标勇往直前，预计在 2021 年实现营业收入 450 亿元，利润超 10 亿元，打造一个具有国际竞争力的铜铅锌产业示范基地。

2019 年初，消息传来——

以"子企业不消灭亏损，集团公司就消灭亏损企业"为硬杠杠，新五矿以历史上最大力度、最大投入治理亏损，取得最显著效果，预计当期亏损企业户数同比降低 30% 以上、亏损额同比降低 50% 以上，全年挂牌处置 26 户"僵尸"及特困企业，完成年度工作目标，经过三年不懈努力，104 户任务企业按照国务院国资委要求全面实现主体达标，多个长期流血不止的"老大难"企业得到根本性解决。

压减层级，三供一业

瘦身健体，是国有企业推进供给侧结构性改革的重要举措。

面对新常态、新形势，国务院国资委认真贯彻党中央、国务院决策部署，牢固树立新发展理念，坚持不懈推动国有企业改革，积极推进建立现代企业制度和完善的法人治理结构，遵循市场规律，瘦身健体提质增效，淘汰过剩落后产能，以推动供给侧结构性改革。

2016 年，国务院要求 1 年内将中央企业管理层级控制在 4 级以内，法人单位数量减少 10%，法人层级控制在 10 级以内；在 3 年内减至 3—4 级以下，法人层级 10 级以上的企业减少 3—5 个层级，法人单位减少 20%。这是国家交给的任务。集团公司最长管理层级 5 级。

五矿集团管理层级一度达到 15 级，体制机制过于庞大臃肿，企业无法有效发力。作为反面典型，五矿成为国务院国资委定的 5

家"压减"管理层级的试点单位之一。

重组后的新五矿，积极瘦身健体。2016年6月下旬，新五矿正式启动"压减"工作，明确任务、套牢责任，倒排时间、动真碰硬，抓住主要矛盾和关键环节开展"压减"。从集团总部开始，逐层压减层级，力求打造权威、高效、精干的指挥中枢。总部机构人员一再精简，办事效率不断提高。

2019年1月6日，中国五矿集团公司2019年度工作会上，总经理国文清宣布：2018年5月全面实现管理层级4级、法人层级10级、法人户数减少比例超过20%，如期完成国务院国资委"压减"工作考核任务。

新五矿在压减层级、处僵治困的过程中，还积极推进"三供一业"转交和解决历史遗留问题。

国务院明确要求2018年底基本完成"三供一业"分离移交，2019年起国有企业原则上不能再为"三供一业"承担任何相关费用。国家划定了时间红线，新五矿就把握住改革窗口期的政策机会，加快剥离企业办社会职能，解决历史遗留问题。新五矿制定了专门的工作机制和管理办法，设立专项资金，集中力量解决审批时间过长、部分困难企业资金缺口较大的问题，并积极主动和国家相关部门联系，加大政策争取力度。

截至2018年年底，新五矿以政策窗口为倒逼，完成49万户职工家属区"三供一业"分离移交主体工作和一系列社会职能改革工作，解决了大量历史问题和包袱。

◎排雷，扎紧风险口袋

在自然界，由于火山熔岩流、冰渍物或山体滑坡的泥石流等原因引起的堵截山谷现象，导致原有水系被堰塞物强行堵塞，流水在堵塞物体上方聚集，时间一长往往形成湖泊，被称为"堰塞湖"。而一旦堰塞物承受不住湖水的强大压力而遭受破坏，湖水便撕开堵塞物倾泻而下，形成洪灾，冲击力极其危险，这就是"堰塞湖效应"。

自然界中存在的"堰塞湖效应"，同样也广泛存在于社会各个领域，比如金融、股市、舆论和关税等领域。

重组后的新五矿头顶悬着两座巨大的"堰塞湖"——高负债、高两金占用。面对严峻形势，新五矿严控"两金"占用，防范各类风险，稳健施策精准排雷，不断扎紧风险口袋，通过加强资金管理，加强资金池建设，拧紧风险"阀门"，走上了健康良性发展的道路。

两个"堰塞湖"

带息负债和两金占用规模达数千亿元！新五矿重组时，财务资金问题一直是困扰企业多年的"老大难"问题。

这"两大包袱"推高了五矿的财务成本，吃掉了五矿的大量利润，成为悬在五矿头顶的两座巨大"堰塞湖"。

针对这两座"堰塞湖"，中国五矿提出"以降为基"，落实三年降杠杆工作计划，严控经营、投资和资金三大预算，着重压减带息负债和"两金"占用，集中盘活资金池存量，搭建多层级融资平台，探索多渠道补充资本金，资产负债结构日趋优化，以保证集团公司以新动能新结构推动更加可持续的发展。

新五矿加快建设新型财务资金管理制度体系，按照可视可控可用的原则加强资金集中管理，切实做好境内外几千个资金账户上线工作，提高资金归集度，对线上所有账户实施多维度实时透明监管，加强调剂平衡，在子企业布局密集的地方建立区域结算中心，有效盘活数百亿元的存量资金。

新五矿全面梳理集团总部所有借款的用途和去向，明确责任对象和资本回报要求；原则上总部今后不再对子企业提供担保和借款。

新五矿下大力气解决两个"堰塞湖"问题，绝不允许继续采取高杠杆高负债高占用的方式"铺摊子"，采取硬手腕、硬措施，把带息负债、"两金"占用、授信总额与企业领导班子薪酬和工资总额相挂钩，出台制度并严格执行；加快上市公司平台建设，积极开展资本运作，多渠道扩大资本积累，持续提升直接融资特别是股权融资比重。

新五矿制定了《集团公司控两金、抓清欠工作方案》，"两金"占用同比零增长。严格贯彻落实国资委"两金"零增长管控要求和集团公司关于加大清欠工作力度的有关会议精神，按照"两金控总量、清欠抓逾期"的总体工作思路，制定《集团公司控两金、抓清欠工作方案》并报经批准，系统搭建清欠工作机制。

2018 年，新五矿制定《集团公司 2018 年—2020 年降杠杆减负债工作方案》，年末资产负债率降至 80% 以下。一是从紧配置资源，带息负债总量封顶，引导业务结构调整优化；二是提高运营效率，从两金入手，严控经营性占用增长；三是从严控制投资，除集团层面推动的重大战略性投资外，以不推高带息负债与资产负债率作为投资资源安排的准则，严控资本性支出；四是抓效益提升，增加经营积累，激发降杠杆内生力量；五是多渠道补充权益资本，多方式开展权益融资，提高资本实力；六是制定《集团公司2018年—2020年降杠杆减负债工作方案》并报经批准，全面落实国资委关于2020年将资产负债率降至合理水平的降杠杆减负债总体任务要求。

通过这一系列"组合拳"，集团公司资产负债率逐年下降，2018年，在规模效益同比增长的情况下实现资产负债率、带息负债、两金占用"三下降"。

重组三年，通过控总量、严投资、调结构、增积累一系列"组合拳"，新五矿降杠杆控负债，化解系统风险，2018年末带息负债总额同比减少数百亿元。挂牌成立"清欠办"，重点加强逾期应收款项"铁腕"清欠力度，截至2018年年底，存量逾期应收款项减少数十亿元。

面对成绩，中国五矿仍然十分清醒，集团公司2019年度工作会指出：两个"堰塞湖"风险仍然存在。资产负债率仍然较高，"两金"占用仍处高位，大量逾期资金还没有盘活搞活。一些深层次的风险和隐患正在逐步显现，企业经营安全仍面临挑战。

严控业务风险

新五矿重组时的2016年，外部融资形势空前恶化，国企违约事件频发，新五矿的资金链安全面临极大挑战。

　　长期潜伏的恶性隐患风险巨大，大量的应收账款还没有收回，大量的高龄库存还没有处置，贸易业务风险不断暴露……这些问题消耗了新五矿前进的动力，拖累了新五矿前进的步伐。

　　新五矿迅速采取措施，深入排查清理业务贸易风险，严肃查处违纪违法行为，严控各类风险，主动应对重大风险挑战。

　　在集团公司统一指挥下，五矿国际、五矿资本成功化解了两起重大风险事件，全额收回资金。五矿发展对照梳理每一单合同，专人专职清欠，专项处置逾期，当年年底，逾期总金额较上年减少，两金占用大幅下降。

　　新五矿把堵漏洞、补短板、控风险放在最突出的位置来抓，为了确保企业健康运行，严控海外投资风险：对海外大型投资项目慎之又慎，把工作做扎实，深入研究所在国和地区的政治、经济、法律、文化等背景。由于海外项目不确定性多、隐蔽性强，所以新五矿深入研究了以往海外项目尤其是重大失败项目，固化成功经验，汲取深刻教训，加强了对项目的可行性分析和论证，提前做好海外风险应对预案，紧盯形势和市场变化，做到"心里有数，处置有度"。海外矿山项目不断加强与所在地区政府和社区的沟通，了解真实诉求、完善应对方案，严防出现重大投资经营损失。

　　为了严控贸易风险，新五矿全覆盖、严标准梳理排查过去的贸易风险事项，拒绝有头无序、有头无尾，纪检、审计部门深度介入，确保每笔业务"看得见、审得清、管得住"。对现存贸易业务的风险及时识别、果断处置，叫停高风险低回报业务。每项业务都有明确的审批流程，层层把关、逐级负责。严控 PPP 项目风险，加快项目进度，加强项目执行的过程控制和环节把控。

针对信用风险尤其是企业间债务风险，新五矿进一步严格排查客户信用资质，优化信用额度结构，果断叫停高风险低回报业务，所有新开展的贸易业务都要求做到"可定性、可定量、可问责"。

同时，严控金融业务风险，做到全流程、全方位风险防控，决不允许出现重大风险事件，还严控安全环保风险，坚决防止重大安全事故和环保事故发生，为打赢污染防治攻坚战做出了贡献。

新五矿经营业务涉及的风险类型多样，一旦相互叠加交织会对企业经营安全造成严重影响，所以新五矿高度重视风险防控问题，切实摸清风险底数，定期检测、及时通报，警惕各种因素叠加共振产生极端不利影响。

新五矿要求各级企业牢固树立"风险无时无处不在、管经营必须管风险、控风险就是增效益"的理念，宁可少做一单生意，也不能承担不可控的风险。严控法律风险，将法律审核嵌入管理流程，将合规审查纳入重大决策环节，严格遵循"决策先问法，违法不决策"的底线原则，确保规章制度、重要决策、经济合同法律审核全部覆盖。

三年来，新五矿用最严格的制度、体系、流程，全方位控制各类经营风险，把业务做实，把水分拧干，把风险控住，把红线守牢。

资金池建设

资金，是企业流动着的血液，其重要性不言而喻，资金管理水平的高低，直接决定着企业的生存能力和发展能力。

重组后，新五矿紧紧围绕"打造国有资本投资公司"的战略定位，着力推动各直管企业成为自主经营、自负盈亏、自担风险、自我约束、自我发展的市场运营主体。

在资金管控方面，为有效防控资金风险，化解资金管理过程中存贷双高的问题，在国文清总经理提出的"两个必须"的资金管控要求——所有的银行账户必须纳入资金系统，所有的结算业务必须通过资金系统进行，财务总部广泛开展走访调研，最终提出了打造"集中管控、分级管理"模式下的安全高效的资金管控体系的建设目标，并形成了《中国五矿集团有限公司资金集中管理实施方案》。

"两大基础，两大支撑"共同构建安全高效的资金管控体系

由于长期的历史成因，新五矿重组时，战略发展方向与当时资金管控模式不匹配、不协调的矛盾日益突出，集团资金管控体系优化迫在眉睫：一是打造国有资本投资公司的必要支撑，二是打造独立市场运营主体的必然要求，三是建设国际一流的金属矿业企业集团的必要前提。

立足战略发展目标与资金管理现状，重组后的新五矿提出了打造"集中管控、分级管理"模式下安全高效的资金管控体系的财务管控目标，具体而言，该体系包含两大基础、两大支撑：两大基础，即资金运营管理体系和资金预算与计划管理体系；两大支撑，即融资管理体系和资金池管理体系，资金池的运行遵循全面性、系统性、市场化、公开化的原则。

境内银行账户上线率达到 100%

资金系统项目一期，于 2016 年 8 月启动，经过 7 个月筹备，7 个月建设，8 个月试运行，于 2018 年 6 月正式完成验收，一期项目共实现了境内所属企业 1000 多个账户的上线工作。

资金系统建设是资金管控体系建设的前提和基础。根据中国五矿总经理国文清"两个必须"的资金管控要求，财务总部迅速响应：2018 年 6 月发布了《关于组织推进各级企业全面上线"中国五矿资金管理与结算系统"的通知》，部署落实账户清理与资金系统全覆盖工作；7 月 21 日召开了资金系统推广启动会，分两批次、赴多地组织了 300 余家企业的用户参与；与此同时，中冶集团以中冶财务公司"智惠金服"系统为平台，同步启动了系统上线工作。

截至 2018 年 8 月 31 日，新中国五矿提前完成了境内全部数千个银行账户的上线工作，其中，已实现直连账户达到 54%。

2019 年初，消息传来：新五矿全面变革资金管理系统，实现全级次单位账户信息可视、流程可控，境内银行账户上线率达到 100%、银企直连率基本达到 100%，可归集资金集中度达到 94%，受限资金存量规模大幅压降，逐步解决"存贷双高"问题。

◎重振干部职工精神面貌

蓝图绘就以后，人的因素，至关重要。

路线明确以后，企业干部职工的状态至关重要。

对于正处于转型升级、逆势突围特殊历史时期的新中国五矿来说，干部团队更是开创发展新局面的关键所在。为能坚定信心、团结一致、凝聚共识、奋勇拼搏，用新的境界、新的风貌、新的高度想工作抓工作，确保所有工作落地踩实、执行到位、取得成效，新五矿用责任套牢压力上肩，重振干部职工精神面貌，整顿干部作风，重树"五矿信心"。

整顿干部作风："一马当先"带动"万马奔腾"

为了能够重树"五矿信心"，新五矿大力整顿干部作风，首先进一步增强领导干部抓班子带队伍的领导力。

抓班子带队伍能力是企业"一把手"的第一能力，离开了这一第一能力，其他各种能力都显得苍白乏力。好的企业负责人能带出一个好企业，反之，如果主要负责人能力弱、班子战斗力差，企业就会像一盘散沙，甚至会将一个好的企业活生生搞垮。

面对复杂多变的国际国内形势和企业改革发展重任，新五矿从集团到下属企业，"一把手"都面临着治企能力的新挑战新考验。

新五矿负责人多次要求，各级"一把手"要时刻保持学习进取超越的心态，加快知识更新、知识转型和实践锻炼；不断提高察大势明大势的战略前瞻性眼力，把小事做细致做到位做完美，果断处理"艰难险重"问题；要时时处处作出表率，做到真"领"真"导"，工作敬业、作风严格、不怕困难、勇于吃苦，以一身正气身先士卒，以"一马当先"带动干部团队的"万马奔腾"。

为进一步增强全体干部员工纪律和规矩的约束力，新五矿相继制定发布《中国五矿集团公司高级管理人员商业行为规范》《中国五矿经营纪律十则》，《中国五矿集团员工违纪违规处分办法》等多个规定，从上到下严格执行。

新五矿树立正确的用人导向，凭实干说话，凭业绩说话。做不出业绩的干部，没有任何可能被提拔重用。企业亏损的、抓班子带队伍软弱无力的、投机取巧的干部，也没有任何可能被提拔重用。加大优秀年轻干部的培养选拔力度，通过统一、严格、规范的选拔标准和程序让他们脱颖而出。打通人才成长通道，把薪酬激励用在真正为企业创造价值的人才身上，充分调动全体干部职工理直气壮、心情舒畅、凝心聚力干事业的积极性。

2019年3月28日，五矿集团总部，一间会议室内，一个专门召开的座谈会在这里举行，邀请五矿集团总部部门和下属企业的一些同志参加，畅谈过去三年发展历程的感受。

这样一个细节，真实、难忘——"再补充一点，因为今天没有人力资源部的领导参加座谈。"五矿集团战略发展部副部长张义2007年博士毕业后，从英国剑桥回国进入麦肯锡工作、从事矿业战略咨询工作。其后，从小在钢厂长大的他又于2010年加入中冶集团，从基层一步步做起，做到了今天五矿集团中层的岗位，在其他人发言过程中他忽然插话，"在五矿，领导特别注重年轻人的培养。过去一段时间，加快了对年轻干部的培养，有的经过多岗位锻炼的80后都进班子了，我觉得确确实实是对年轻人的鼓励，这对整个梯队建设也是非常关键的。"

"老有人问我当初为什么要从麦肯锡出来？其实，即使现在我们跟麦肯锡的人在一起，我也会特别地自豪，因为我觉得，你能在国家发展洪流里面成为国有经济最关键支柱企业的一分子，你有一个这样的干事创业的大平台成长，没有比这更让人觉得自豪的事了。"

"良好的精神状态，是做好一切工作的重要前提"。三年来，战略重组后的新中国五矿特别强调领导干部的作用，始终抓住干部作风建设不放，抓住领导干部以身作则、带头示范不放，要求别人做到的自己首先做到、要求别人不做的自己坚决不做，就是要打造全员干事创业的环境，干群利益紧紧地"长"在一起，同呼吸，共命运，心连心。

强化执行力：再好的目标执行不力，也只是镜中花、水中月

一分部署，九分落实。

再好的目标、再好的战略、再好的顶层设计，执行不力，也只是镜中花、水中月。

这能力那能力，不落实就等于没能力，千忙万忙，不抓落实就是瞎忙。

新五矿加大力度抓战略落地和制度执行，进一步套牢责任，全面提升执行力战斗力。集团公司从上到下形成一套抓落实的体系和方法论，把责任落实到各部门各单位，套牢到领导干部和每个人身上。

明晰界面、明晰主体，新五矿把总部与子企业的责任切分清楚，总部不再"大包大揽""供血输血"，子企业独立运营、埋头苦干、

自我加压，子企业领导班子守土有责、担负起岗位的责任；重新梳理授权体系，根据子企业的实际情况和管理能力，进行差异化授权。实体企业放权、独立核算，贸易企业收权、财权上收；强调权责对等，授权的同时建立责任清单，哪个事情由哪个主体负责，明明白白地写清楚，拒绝相互扯皮、推卸责任。

新五矿要求所有的干部要有主动作为的担当，始终保持旺盛的战斗力，不等不靠不拖，作出表率、树起榜样、体现出水平。建立健全完善的干部机制，集团公司为担当者担当、为负责者负责、为干事者撑腰，保护敢作敢为、锐意进取的领导干部，打造出一支干事创业、风清气正的干部队伍。

路线确定以后，关键看干部；战略制定以后，关键看执行。"集团领导就一直在抓这个战略落地。"张义说。

"一天也不耽误、一天也不懈怠"，新五矿从上到下牢固树立"执行力就是生产力、战斗力"的观念，狠抓落实，强化执行力建设。

为了强化执行力，新五矿采用倒逼机制，从干部到员工，强化全员执行力。

发生在湖南铜铅锌基地建设过程的故事，就是一个典型案例——为了按期完成工程，尽早投产、达产，基地采用倒逼机制，将任务倒推，分解到每个月，每一周，甚至每一天，落实到每个干部头上，落实到每个员工身上。

基地的基建工程由五矿二十三冶建设集团负责，工期紧张，难度巨大。作为甲方的株冶集团，按照倒逼机制核算工期，要求二十三冶的施工人员加班加点，除夕放假，大年初三开工。至今，甲方有关干部的手机里还保留着当时二十三冶有关干部立下的"军令状"，上面清清楚楚地写明：晚一天开工，扣除乙方一万元整。

基地所处地貌为页岩风化后的土壤，独特的地质结构使得这片土地一下雨就变成了泥潭。回想起当时的情景，二十三冶的施工人员忍不住难为情地笑了起来，当时泥浆深达一米以上，施工的小伙子们走进去，都怕一脚踩进去就出不来了，夯机和铲车更是无法开进泥潭，有两个30多岁的大小伙子，面对泥潭心急如焚，着急地哭了起来。最后，他们抹干眼泪，绞尽脑汁想办法，架钢板，上挖掘机，硬生生把泥浆挖了出来，最深挖到地下17米，才终于将泥浆清理干净，然后用挖掘机把水泥罐车拖进来，浇灌混凝土地基。最终，二十三冶不仅按期完成任务，还提前了两天，体现了高效的战斗力和执行力。

打造忠诚干净担当的干部团队

干部团队是新中国五矿开创发展新局面的关键所在。新五矿各级领导干部牢记习总书记对国企领导人员提出的"对党忠诚、勇于创新、治企有方、兴企有为、清正廉洁"20字要求，以"骨子里的信念忠诚和激情澎湃的热血忠诚"，筑牢信念、燃烧激情，勇于担当历史大任，为民族伟大复兴担当，为金属矿业护国报国担当，为企业长富久安担当。

新五矿重组三年来，产生和造就了一支优秀的企业家团队，这支队伍始终把对党忠诚放在首位，牢固树立"四个意识"，坚定"四个自信"，坚决做到"两个维护"；勇于担当作为，不断强化"企业家、经济家、政治家"的角色意识和"经营管理国有资产、实现保值增值"的责任意识，把建设"世界一流"企业作为人生追求、职业追求，脚踏实地，以百折不挠的韧劲、心无旁骛扎实推进工作；敢于革新创新，大胆闯大胆试，一步一个脚印，稳扎稳打。

"一天也不耽误，一天也不懈怠"的企业精神，是在中冶集团改革脱困中孕育形成的，又作用于企业改革发展实践。每位员工都是这一精神的创造者、实践者，也是丰富者、传承者。新五矿把企业精神所承载的价值取向和行为标准，转化为每个人的责任担当、进取精神、改革状态和使命追求，汇聚起强大的正能量。

跨国并购不是"买买买"

《人民日报》记者　赵展慧

2017 年 6 月，中国企业最大的海外并购案——中国化工 430 亿美元收购瑞士农用化学品巨头先正达的交易连续获得美国和欧盟批准。

拓展业务、市场，获取技术、人才，接轨标准、规则，海外并购成为中企走出去、走进去、走上去的一座天然桥梁。得益于中国经济的快速发展，企业实力的不断增强，2011 年—2016 年间，我国企业海外并购市场的规模迅速扩大，年复合增长率为 16.69%，交易数量的年复合增长率为 12.22%。

虽然后发势头迅猛，但不得不承认，中国企业在跨国并购大军里仍然是张稚嫩面孔。近几年的摸索与积累，让中国企业海外并购积攒了哪些经验？听听企业和专家怎么说。

"不同"就会带来风险

有的企业在矿权和地权分离的澳大利亚并购矿产，只买了矿权，没买地权，陷入了不能踏足矿产所在地的窘境

"买卖不成仁义在"是中国的一句俗语，然而在海外并购里却不太适用，买卖不成往往还要交上一笔"分手费"，并且费用

由买方来掏。这在中国传统观念里好像有点难以接受，但是这种"反向分手费"已经成为近年来国际并购中的一种趋势。"2015年伊莱克斯与美国通用电气公司的并购案中，因为未通过反垄断审查，伊莱克斯最后交付了1.75亿美元的分手费。" 海尔集团公司董事局副主席、总裁周云杰告诉记者，买方不能完成一项已宣布的收购交易，就需要向卖方支付反向分手费，在2016年初海尔收购通用家电业务时，就吸取教训着重考虑了这一风险点。

在海外并购中，像反向分手费这样与中国传统文化、商业规则、政策环境等产生的"碰撞"还有很多。东道国政策不同，法律体系不同，市场环境不同，文化观念不同，环保标准不同，知识产权保护、劳工保护的规则不同……这些差异往往会构成海外并购当中的各种风险，不妥善适应解决，会在境外政府、工会、非政府组织等各种部门机构的审查和谈判中受到阻碍。

比如用工规则上的摩擦。据周云杰介绍，海尔并购GE家电业务交割后用工方案曾经遭到美国工会反对，原因是，工会的用工诉求是员工的养老金要求采用待遇确定型计划（即DB计划），雇主在雇员退休后要一直缴付养老金。而海尔认为这一养老金计划已与如今普遍情况不符，后来经过有理有据的谈判，双方终于达成了共识。

比如政策法规差异遇到的障碍。有的矿业企业走出去，不了解当地法律规则，在矿权和地权分离的澳大利亚并购矿产，只买了矿权，没买地权，陷入了买了矿却不能踏足矿产所在地的窘境。

比如履行企业社会责任方式的差别。五矿有色股份有限公司总经理高晓宇介绍，矿业行业海外并购，社区关系十分重要，企业要获取当地社区老百姓的理解，兑现并购谈判时的承诺，让老百姓有获得感才能顺利经营。中国企业以前往往做得多，说得少，而海外并购和经营中要加强对企业履行社会责任的宣传，这样才能更好营造项目运营环境。

比如并购文化上的差异。中国文化观念里认为中标就意味着并购成功，有的中国企业海外并购中标后就在媒体上大量宣传报道，而在很多东道国的规则里，中标后还有一系列程序要走，比如要等议会或国会一致通过，只有签下合同了才具有正式的法律效应，因此一些并购因为提前泄露了商机而导致"废标"。

当然，这些跨国并购的风险并不是中国独有的。"跨国并购都会遇到这种风险，全球化背景下外国政府出于对民族行业企业保护有一些合规调查也很正常，中国企业到海外并购首先要有开放性思维，在充分意识到差异的基础上适应不同规则和环境。"普华永道中国北方区企业并购部主管合伙人钱立强说。

也要会说"不"和"卖"

五矿收购海外铜矿，外界普遍认为中国的国企会不惜提高报价击败竞争对手，但没想到五矿算了经济账后放弃了。

化解风险，首先是选择合适的并购项目。

"什么是成功的并购？一句话，就是并购项目要'看得懂、买得起、管得了、用得着'。"钱立强概括道。专家认为，海外并购不是"买买买"，不能光图看着好看、听着好听，更应当突出技术、品牌、市场，要避免花大钱买了些"中看不中用"的项目。

风险总是跟预案联系在一起。在企业成功应对跨国并购风险的案例中，往往都是预案先行。

"我们在对 GE 家电有并购意向的时候，就已经做好了反垄断评估报告，结合伊莱克斯收购失败的情况对可能遇到的反垄断风险做出了各种预案，因此收购过程中，全球反垄断审查非常顺利，很快完成了整个交易。"海尔集团总法律顾问张翠美介绍。

预案怎么形成？早早走出去的中资跨国企业已有意识地搭建起自己的全球法律平台和风险管理平台，而对于很少甚至从未进行过海外并购的企业来说，借助外脑进行尽职调查是海外并购必不可少的环节。钱立强说，经常可以看到跨国并购项目中，外脑团队比本地公司团队人员还要多，因为并购机会往往转瞬即逝，企业来不及像做产品那样慢慢学习了解东道国的文化、语言、法律环境、并购流程等，应当在做好决策后将专业的并购流程交给专业的咨询公司等中介团队来做。

跨国并购要做好预案，但并购也是动态变化的，并购过程中可能出现各种不确定性，比如竞争对手、市场变化、社会问题等等，预案可能"防不胜防"，动态调整并购方案也十分重要。

高晓宇介绍了一起五矿海外并购"失败"的案例。2011 年，五矿要收购海外一个铜矿，在五矿报价后，世界上最大的黄金公司出来竞争，报价比五矿要高 16%。"外界普遍认为五矿作为中国的国企，会不惜提高报价击败竞争对手，但是我们算了算经济账，觉得不划算还是放弃了。"高晓宇说，当时五矿的这一桩并购案被金融时报正面报道，认为中国国有企业是尊重商业规则、经济规律的。

"在并购过程中，事实上说'不'非常需要技术。当不可预见的事件发生，导致并购偏离了目标，或者发现了长期无法解决的问题时，果断说'不'、及时止损是最好的方式。"钱立强认为，跨国并购也要讲失败文化。

跨国并购不是一"买"到底，可以说"不"，也可以说"卖"。高晓宇列举了另一件让西方国家改变对中国国企印象的例子。"2017年我们出售两个资产，其中一个还是在产的矿产项目，但因为规模小、未来勘探潜力不大，我们觉得不符合核心资产的标准，所以拿到合理报价就卖掉了，腾出资金和团队去并购质量更高的资产。"高晓宇说，这打破了外界对中国国企海外并购只会买不会卖的印象。围绕企业核心定位和价值最大化动态调整并购策略和方案，中国企业的并购理念正日益成熟。

并购企业需要"教科书"

海尔收购GE家电，报价处于中等偏低，最后成功很大程度上是因为GE认可海尔的品牌

通过越来越多的海外并购实践，中国企业跨国并购能力正在慢慢增强，不仅发展壮大了自己，也在世界舞台上崭露头角，树立了更好的中国企业形象、品牌形象。

"以前走出去并购，被收购的企业可能只是觉得中国企业有钱，骨子里不一定真的服你，后来看到中国企业的研发实力、经营情况、品牌价值，他们渐渐改变了认知。"周云杰说，海尔收购GE家电，报价在竞争者中处于中等偏低，最后交易成功很大程

度上也是因为 GE 认可海尔的品牌，信任海尔的跨国运营能力。

然而不可否认的是，从整体来看，中国跨国公司的发展仍处在成长初期，中国企业海外投资并购仍面临各种各样的问题。

中国企业对外投资与国际化经营战略还不够清晰或定位不够准确；获取东道国法律、政策、市场信息的能力普遍不强；市场开拓具有一定盲目性；利用国际国内金融市场的能力不足；投资决策不科学不规范，风险管控与应对能力有待加强；缺乏处理与东道国工会关系的能力，企业社会责任意识较弱……如何能够在前人成功经验基础上更好规避风险、更快挖掘商机，走出去投资并购的企业需要"教科书"。

"中国企业进行跨国并购，太需要专业智库的支持了。"国务院发展研究中心对外经济研究部第一研究室主任胡江云认为，中国企业跨国投资要取得长足发展，当务之急是要培育一批专业的第三方中介机构，让行业协会成为企业走出去的专业参谋，使企业在投资并购中少走弯路，多得机会。

胡江云认为，行业协会还能起到国内外企业连接纽带的作用。"如果能与投资国行业协会之间建立联盟，互相认证，行业协会的会员企业信誉更有保障，相比企业单打独斗出海阻力会小很多。"据了解，在日本、德国等国家，行业协会在跨国公司发展的过程中，都发挥了极大的作用。

胡江云表示，行业协会商会应该加快改革，尽快褪去"官色"，放开手脚，将服务重心从政府转向企业、行业和市场，真正为更多企业出海保驾护航。

第三章

主业·动能

　　具有全球竞争力的跨国公司大多有一个共同的特征，就是专注主业、突出主业，推动技术、人才、资本等各类资源要素向主业集中，不断增强核心业务的资源配置效率、盈利能力和市场竞争力。

　　国务院国资委主任肖亚庆指出："国有企业特别是中央企业一定要突出主业。"

　　中国五矿和中冶集团两家企业重组后，形成八大业务板块，新中国五矿以发展为第一要务，不断强化问题导向，夯实主业基础，做强主业，增强动能，构建起"四梁八柱"业务体系。

　　"四梁"是指金属矿业、冶金建设、贸易物流和金融地产，"八柱"是指矿产开发、冶金工程、金属材料、贸易物流、基本建设、金融服务、地产开发和新能源材料。

　　"四梁八柱"的提出既遵照了国务院国资委批准的中国五矿做强主业的要求，也遵循了集团公司的历史沿革，还代表着中国五矿未来的发展走势。

◎加强顶层设计和战略引领

　　无论是从保障国家资源供应和安全的角度来讲，还是从未来中国在全球经济中发挥的影响力来讲，中国都急需一家具备国际竞争力的大型金属矿业企业。

　　中国五矿与中冶集团的战略重组，是在深化国资国企改革的大背景下，贯彻落实党中央、国务院做强做优做大国有企业指导方针，打造具有国际竞争力的世界一流企业的重大举措。

基于这样的战略共识和共同追求，新五矿亮相伊始，就加强顶层设计和战略引领，环环相扣，步步为营，不断迈出坚定步伐。

三步走、两翻番：风高浪急、大雾迷茫之时的"航标"

挺过 2015 年的谷底，爬过 2016 年的坡道——

2017 年 1 月 15 日，中国五矿集团 2017 年度工作会上，新的中国五矿从企业现实基础以及长远发展定位出发，站在推动企业大发展的高度，提出"三步走、两翻番"奋斗目标。

"志之所趋，无远勿届。企业要实现持续发展和长富久安，必须坚持大发展的理念，以大发展的气魄开启大发展的格局。"国文清说。

"三步走、两翻番"的思路，完全符合新中国五矿"中国第一、世界一流"的发展定位，使新中国五矿这艘航船在风高浪急、大雾迷茫之时找到了"航标"。

不少人谈到，当初这一目标看似不可思议，实际上是建立在对形势深刻分析基础上的，有着充分的基础，这一战略目标的提出，也形成了一个极其清晰简单的目标，形成了一种倒逼机制，激励和鞭策 20 万五矿人朝着这个目标努力奋斗、不懈奋斗。

2018 年 9 月 17 日，集团公司在全集团范围内第一次通过视频会议方式，召开"大干一百天、确保两翻番"暨三季度经济运行分析会，深刻剖析距离年底 100 天这一决定全年、决胜未来关键阶段的历史任务和重要意义，分析前三季度经营情况，总结经验，查找短板，研判形势，安排部署四季度重点工作任务，在"非常关键时期、采取非常有力之举"，吹响了"大干一百天"的冲锋号，描绘了"确保两翻番"的作战图。

按照惯例，中国五矿三季度经济运行分析会一般是 10 月召开。

"这次会议不仅召开的时间比以往大幅提前，而且参会人员的范围也空前广泛。"中国五矿报在题为《振奋精神，凝心聚力，向宏伟目标全力进发》的评论中指出，"一场向全年挑战目标发起全力冲击的大会战正式拉开帷幕。"

4 天后，即 2018 年 9 月 21 日，中国五矿集团公司党组更是以 2018 年 100 号文的方式印发《关于发挥党建工作优势 推动落实"大干一百天、确保两翻番"目标的指导意见》，进一步明确指导思想、总体目标、落实措施和工作要求，为大会战有序开展提供方向指引，进一步将党建工作融入企业生产经营管理工作。

"两翻番"指的是利润目标，来不得半点水分。

目标环环相扣，任务层层分解。在中国五矿波澜壮阔的发展历史上，五矿人又一次站在潮头……

不是喊口号，贴标语，而是出实招、求实效；

不是简单下压任务，而是激发信心斗志；

不是最后一搏，而是为更高强度实战的热身、预演和拉练；

不是忽视规律、急于求成，而是深入分析、通盘考虑经营发展形势……

中国五矿犹如一艘巨轮，铆足了力气，开足了马力……

"不论外部形势如何复杂，转型升级如何艰难，问题困难如何繁多，是我们的诺言就要践行，是我们的目标就要追求，是我们的梦想就要拼搏！这是伴随中国五矿历经 60 余年风雨洗礼而愈发闪光的宝贵品格，这是支撑中国五矿在改革开放 40 年间实现跨越发展的坚定信仰！"集团公司党群工作部李勋山的话，代表了无数五矿人的心声……

"9·17"会议后，中国五矿各直管企业迅速行动起来：

——中冶集团成立督导领导小组，对 9 项重点工作进行督导；

——五矿国际优化邦巴斯生产运营方案，确保完成全年预算目标；

——湖南有色要求决战一百天，确保铜铅锌产业基地项目一期年底建成投产；

——五矿发展一对一沟通业务部门，提前布置年度任务落实；

——五矿资本加速赶超进度，坚决完成全年利润指标；

——五矿地产加快实施"抢节点、抢回款、抢业绩"比学赶超活动；

——长远锂科确保电池正极材料如期投产，全年力争实现 2 亿元利润；

……

到 2018 年年底，新五矿如期完成第二步目标。从企业层面看，完成"第二步"意味着集团公司已经拥有 200 亿元价值创造能力，位居央企第一梯队，完全具备国有资本投资公司功能，站稳行业领导地位。下一步，新五矿有实力有底气承担更重要的央企使命，不断做强做优做大，成为支撑中国经济迈向高质量发展的重要力量。

完成"第二步"意味着新五矿经营业绩已经超过两家企业重

组前历史最好水平总和，整合融合已经取得显著成效，展现出"互补式重组"的巨大红利。下一步，新五矿有资本有能力争取更大的支持，谋划新一轮并购重组，稳步扩张，进一步实现金属矿业护国报国梦想。

完成"第二步"意味着新五矿的历史包袱和隐患问题基本得到解决、抗风险能力全面增强、造血能力全面恢复，可以把主要精力从解决问题中抽离出来，卸掉包袱轻装上阵、休养生息积蓄力量、放开手脚再创伟业。下一步，新五矿有空间有条件培育多个新业务增长点，推动业务质量和产业影响力进一步提升。

历史，总是在一些特殊年份给人们以汲取智慧、继续前行的力量。

"三步走、两翻番"，对于重组后的新中国五矿在历史的长河中是"历史的缩影"，对于新五矿的每一个实践者的人生来说是"奋斗的历史"。

凤凰涅槃：打造世界一流的"登高之作、扛鼎之作"

重组后，新五矿迅速整合对接、调整理顺，积极应对风险与挑战，果断处置隐患和问题，到 2016 年底，新五矿度过最危险的阶段，从巨额亏损 182 亿元跃升到实现利润 40 亿元，生产经营基本企稳。

在此基础上，新五矿全面客观分析内外部发展环境，准确把握重组后的全产业链优势和发展潜力，在 2017 年初的工作会议上提出"三步走、两翻番"发展目标，为发展指明了方向、定下了方位。

回顾互补式重组的三年历程，有几个明显特点：2016年是最艰难的一年。2017年是"三步走、两翻番"开局之年，新五矿止血控亏、攻坚克难，迈出精彩有力的第一步，超额实现利润第一个翻番，实现谷底弹射、浴火重生。全年实现营收规模成功迈上5000亿元台阶，收入、利润双双创出历史新高，全面超额完成国务院国资委考核任务。世界500强排名在大幅跃升至120位的基础上又前进到109位，保持金属行业第一，成为当之无愧的中国最具实力的金属矿产企业。

"三步走、两翻番"，是新中国五矿不可动摇的奋斗目标，要牢牢树立大发展的理念，在全新的格局、全新的境界和全新的目标中思考发展，在大发展中战胜困难、解决问题。

2018年新年伊始，中国五矿在每年一次的年度工作会议上进一步明确：

2018年是"三步走、两翻番"关键之年，新五矿严控各类风险，深化和加强改革力量，全面激发企业和员工活力，继续保持匀加速发展态势。

当前，新五矿正处在"三步走、两翻番"第二步利润"翻两番"的关键时刻。

全集团上下要深刻理解"三步走、两翻番"第二步的重大意义，第二步是支撑高质量发展、打造世界一流的"登高之作、扛鼎之作"。顺利走好第二步、完成第二步目标，不仅标志着集团公司完全具备创造200亿元价值的能力，全面增强经营实力和抗风险能力，能够实现长富久安和高质量发展，而且意味着集团公司稳站央企第一梯队，完全具备国有资本投资公司功能，承担更重要的行业使命和国家责任，还能够全面提升在全球金属矿产行业的竞争力，完成从量的积累到质的飞跃，推动第三步顺势而成。

长远目标：2035 年成为"世界一流"企业

在党的十九大上，习近平总书记高瞻远瞩提出第二个百年目标，分两个阶段来安排。按照这个方向，新五矿提出新的更加长远的目标：

——到 2035 年基本实现社会主义现代化之时，在铜、铁、锌、镍、钨产品上具有较强影响力，成为"世界一流"企业；

——到 2050 年建成富强民主文明和谐美丽的社会主义现代化强国之时，巩固"世界一流"，实现企业长富久安，完全承担起国家资源安全的保障使命。

2018 年至 2020 年，新五矿以"提质增效、固本强基"为行动方针，全面加强党的领导，继续深化改革，建立健全现代企业制度，精心调整业务结构，有序布局新业务，着力控风险、补短板。到 2020 年全面建成小康社会之时，全面实现"三步走、两翻番"目标，具有一定的国际竞争力和较强的行业影响力。

2018 年至 2025 年，新五矿以智能矿业为发展主线，制定实施《中国五矿智能矿业 2025》中期行动计划，紧盯效率提升和绿色发展两大主题，全力推动核心主业技术进步。

2018 年至 2035 年，围绕"实力五矿、美丽五矿、魅力五矿"目标，制定实施《中国五矿 2035》长期行动计划，努力营造满足人才发展要求的体制机制环境，促进实现以人为本的创新驱动和全面发展。到 2035 年基本实现社会主义现代化之时，位居全球行业前列，成为"世界一流"企业。

◎构筑"四梁八柱"业务体系，擎起新五矿"大厦"

什么是"四梁八柱"

重组后，新五矿理顺业务方向，提出了"四梁八柱"的业务体系。"四梁八柱"的提出，既遵照了国务院国资委批准的中国五矿主业的要求，也遵循了历史沿革，还代表着中国五矿未来的发展走势。

究竟什么是新中国五矿这座擎天大厦的"四梁八柱"？

"四梁"是指金属矿业、冶金建设、贸易物流和金融地产，"八

业务体系——构建"四梁八柱"

集团"四梁八柱"业务体系

金属矿业 | 冶金建设 | 贸易物流 | 金融地产

矿产开发 | 金属材料 | 新能源材料 | 冶金工程 | 基本建设 | 贸易物流 | 金融服务 | 房地产开发

具有全球竞争力的世界一流金属矿业集团

柱"是指矿产开发、冶金工程、金属材料、贸易物流、基本建设、
金融服务、地产开发和新能源材料。

八柱之矿产开发

专注于构建大规模、长寿命、低成本的世界级矿产资源组合，
建立高效的矿山建设开发运营体系，成为保障国家金属矿产资源
供给的主力军，尽快进入全球矿业公司第一梯队。

通过重组并购、资产整合、产业基金、与政府合作等多种方式，
国内外并举、量力而行，积极寻求与公司发展目标相匹配的战略
性资源、重量级矿山。

在国外围绕中国稀缺的铜和锌等金属重点发力，力争到 2020
年铜精矿年产量实现 100 万吨，国内围绕中国优势金属深化布局，
提升品牌价值。

统筹调整优化在手矿山资源组合，加强全生命周期管理，合
理加快开发节奏，加快非优势资产退出，及时处置末期矿山。

八柱之冶金工程

以独占鳌头的核心技术、持续不断的革新创新能力、无可替
代的冶金建设全产业链整合优势"再突破、再拔高、再创业"，巩
固全球最大的冶金工程承包商和冶金企业运营服务商的领军地位，
成为全球最强最优最大的冶金建设运营服务"国家队"，引领中
国钢铁产业"走出去"和钢铁产业发展质量提升。

站在新的起点上，进一步树立"大冶金"概念，强化"一业为主、

辅业支撑"，坚持"8大部位、19个业务单元瞄准世界第一"的目标不动摇，成为名副其实的世界一流的冶金建设运营服务国家队。

拓宽思路，围绕以绿色化、智能化和服务化为特征的全球钢铁产业结构转型升级需求"二次聚焦主业"，聚焦到绿色建设、节能环保、工艺提升、技术创新上，聚焦到为钢铁企业提供一流运营服务上，聚焦到"一带一路"沿线和全球市场上，擦亮中冶品牌，面向全球输出世界一流的一体化的技术、产品、管理和服务。

八柱之金属材料

集中品牌和技术优势打造铜、铅锌、镍冶炼加工的示范性项目，推动钨、稀土等优势金属向高附加值的深加工环节延伸，成为国内领先的高端金属冶炼加工生产商和中国第一的优势金属深加工商。加快调整冶炼业务资产结构，保留培育优秀先进企业，提高成本竞争优势、盈利能力和绿色可持续发展能力。

坚持钨、稀土向下游延伸，综合运用并购重组、股权投资、参股合作等多种方式，快速补足关键技术和高端产品的短板。要以硬质合金及其深加工领域产品及服务为重点，实现从通用产品生产到围绕客户需求进行针对性生产和专业化服务的重要转变。要充分把握国家打造六大稀土产业集团的政策契机，用好五矿稀土上市平台，优化现有产能结构和布局。

八柱之贸易物流

加强顶层设计，优化完善贸易体系和平台，统筹用好贸易长项和力量，打开崭新发展局面，重塑中国五矿在贸易流通领域的辉煌。

按照"两头在外、两头上锁、大进大出、封闭循环"的要求重塑贸易体系，"两头在外"是定位，作为中间服务商，发挥对金属矿业产业链的拉动、润滑和推动作用；"两头上锁"是前提，通过锁定价格和交易条件有效控制业务风险；"大进大出"是特征，大贸易不是大而全、"摊大饼"，而是大商品、大客户、大项目，要做产业贸易、大宗商品贸易；"封闭循环"是竞争力，全面掌控产品、资金、信息的流通循环，获取稳定收益。

按照"联合下游、服务下游、布局港口、区域集中"的要求建立物流体系，在我国钢铁、有色冶炼企业布局集中的曹妃甸等港口区域建立资源交易平台、混矿及物流配送中心，立足港口"要塞"掌控产业链关键环节，提高对外谈判议价能力，提升国际话语权。

八柱之基本建设

服务国家战略，融入区域经济，成为新型城市化建设的主力军和有生力量。坚持技术创新和商业模式创新，突出专业优势、突出特色领域、突出拳头产品，培育细分领域的"单项冠军"。

在达到合理规模的基础上进一步拓展高端市场，做大项目和高精尖项目。重点提升地下管廊、公路建设、市政工程、主题公园、水处理等领域的品牌影响力。不断提高资产运营效率和效益。

八柱之金融服务

牢牢把握服务实体经济发展这一根本定位，打造具有产业特色的全牌照金控平台，既发挥背靠集团公司产业母体的优势，成为产业金融服务创新者，又发挥全牌照优势，成为具有较强竞争力的金融控股公司。

以信托、租赁、证券、期货、银行为战略发展业务，以保险、基金现有股权为财务投资，以股权或产业直投为后续培育业务，打造具有竞争优势的业务组合。

围绕实业、服务主业，加大与集团公司相关产业的产融协同力度，对接"大战略、大区域、大客户"，构建产融协同圈。

整合用好金融资源，协同开展产业投资、并购重组、产业整合及资本运作，为打造国有资本投资公司提供强有力战略支撑。

八柱之房地产开发

落实中央新要求，适应调控新形势，深入研究发展大势和竞争格局变化及影响，按照"品牌＋产品系列＋可复制模式"的思路加快房地产品牌建设，成为具有较强盈利能力、可持续发展潜力的房地产综合开发运营领跑者。

盘活存量，加快处置在手项目，着力提升资产运行效率和效益，尽快实现资金回流，保持稳健发展。

控制风险，严控高价拿地和海外拿地，探索借助集团公司产业发展、工程建设、政府合作等渠道获取土地。

提升品质，通过突出科技、绿色、环保和人文理念，提高产

中冶承建的宝钢湛江"绿色"钢铁基地

品附加值，通过产业整合与产业注入，提升区域吸引力。

强化管理，合资项目要做到同股同权同责，牢牢掌控项目主导权和主动权。

八柱之新能源材料

新能源、新材料等新兴产业代表新一轮科技革命和产业变革的方向，是集团公司实现新旧动能转换、创新发展的重要驱动力，也是充分发挥镍、钴、锂的资源优势和高端动力锂电正极材料领域的技术优势，进一步拓展延伸金属产业链的关键一招，能够为集团公司提供新发展动能和新利润增长点。全集团上下都要树立"一盘棋"思想，全力支持新动力板块建设，必须杜绝任何拖延、杜绝一切扯皮、清除一切阻碍。

全面推进青海盐湖提锂，曹妃甸三元前驱体生产和长沙电池正极材料扩产三大新能源项目，把资源和技术优势转化为经济优势，打开创新发展新空间。

集中资源优势与技术优势，正式组建覆盖全产业链的新材料板块，推动金属矿产核心主业向产业链、价值链高端进军，打造中国一流、世界领先的新能源汽车电池材料产业综合服务商。

2018 年 5 月 9 日，五矿创投及创投基金管理公司启动会上，国文清向与会嘉宾致辞时透露了对"四梁八柱"业务体系的自信："目前，重组后的中国五矿构建了完整的'四梁八柱'业务体系，展现了良好的发展前景。其中，在金属矿业领域，中国五矿铜、锌、镍等资源量进入世界第一梯队，钨、锑、铋资源量位居全球第一；在工程建设领域，中冶集团是中国冶金建设国家队，占据国内 90%、全球 60% 的冶金建设市场，特别是 EPC 项目建设方面具备高超的管理运作能力；在房地产领域，中国五矿是国资委首批确定的 16 家以房地产为主业的央企之一，拥有中冶置业、五矿地产两家国内排名前 50 位的房地产企业；在金融业务领域，中国五矿是三家拥有金融全牌照的中央企业之一，拥有强大的投融资能力和资源配置能力；在科技研发方面，中国五矿长期位列中央企业前几位，拥有 37 个国家级各类科研平台和重点实验室，超过 2.7 万件专利成果。"

◎推进整合融合，释放重组红利

深化供给侧结构性改革，就要坚持以提高质量和核心竞争力为中心，扩大高质量产品和服务的供给，引导企业形成自己独有的比较优势。

重组后，新五矿深度推进企业内部的供给侧结构性改革，加强重组后全产业链的业务协同，深入分析了集团公司内部业务协同空间，扎实推进整合融合，释放巨大重组红利。

其中一个具有战略意义的举措，就是新五矿发布业务协同工作推进方案和业务协同信息手册，确定了业务协同的分类，提出打造内部千亿市场的目标，打造千亿内部市场这样一个业务协同的大平台和载体，将之作为推进两个世界 500 强企业协同和整合的强有力抓手。

"内部千亿市场"横空出世：重组新范式、新模式、新道路的有益探索

中国五矿与中冶集团战略重组，打通了金属矿业勘查、设计、施工、运营、贸易流通的战略通道，形成了中国金属矿业完整产业链"雏形"，属于"互补式重组"。两家变成一家，关键要在产业链上发挥协同互补优势，重新优化产业链各个环节，联结好各个链条，贯通全产业链，创造产生巨大的内部市场。

经过新五矿集团公司战略发展部和企业管理部反复测算，重组后的内部市场每年具有千亿级规模，2017—2020 年，新中国五矿全口径计算内部市场累计规模可达到 3700 亿元，累计可创造毛利润过百亿元。

新五矿由此提出，通过内部市场创造业务增量，优化资源配置、深度协同整合，降低成本、提高效率；把分散的、低层次的服务和产能，变成集产业、技术、服务、资金于一身的高端供给；主动开发融资服务、工程物资配送、工程建安、资源产品贸易、仓储物流服务等内部市场，打造千亿内部市场，形成不可替代的、全产业链贯通的比较优势，提高企业运行质量和效益，提升新中国五矿的核心竞争力。

打造 1000 亿内部市场是新五矿对中央企业重组新范式、新模式、新道路的有益探索，是内部价值链要素优化组合的有效方式，是全产业链、全业务、全方位协同整合的重要抓手，能够充分发挥互补式重组的独特优势，有效降低交易成本、提高经营效率，形成集成合力，推进企业内部供给侧结构性改革。

新五矿下大力气将打造千亿内部市场这项重大经营策略推向全产业链、全业务、全方位，不断形成突破，持续引向纵深，通过深度整合融合，挖潜提质增效，打造新五矿全产业链竞争新优势。

内部千亿市场释放巨大红利

伴随整合融合的深入，"内部千亿市场"逐步释放巨大红利。具体表现在：

在融资服务方面，重组时，中冶集团 PPP 项目亟须拓展投融资渠道，确保顺利推进、尽快落地。五矿资本拥有银行、信托、租赁、期货、证券等全牌照业务，刚刚获批整体上市，正在迈向快速发展的新阶段。可以依靠内部不断提高的金融服务能力，为工程项目进一步增加投融资支持。经测算，2017—2020 年累计规模可达到 2000 多亿元。

在工程物资配供方面，重组之前，中冶集团工程钢材采购只有 4% 通过五矿发展采购，96% 的业务由外部单位承担。中冶集团每年钢材采购量 400 多万吨，同时也是国内最大的钢结构制造商，年生产能力 350 万吨，而五矿发展工程钢材配供量每年 600 多万吨，如果 80% 的内部市场交给五矿发展，五矿发展的工程钢材配供业务能够大幅增长。再加上工程项目还需要大量的水泥以及电工材料等，2017—2020 年累计规模可达到 400 亿元。

在工程建安方面，工程咨询服务和建筑安装是中冶集团的优势业务，重组之前已经与原中国五矿开展了多项合作。重组后继续利用并发挥中冶集团的技术优势，进一步扩大合作空间。2017—

2020 年累计规模可达到 800 多亿元，累计产生毛利近 100 亿元。

在资源产品贸易、维简技改、装备制造、物流运输、仓储服务、招标代理及保险经纪服务等方面，新五矿内部也有非常大的业务协同潜力。除了业务，内部保障性服务也有潜在空间。

"重组完之后我们做的第一件事情，也是我到总部后做的第一件事情，就是千亿内部市场的打造。"负责就千亿内部市场进行测算、制定方案的中国五矿战略发展部副部长张义说："其实，打造千亿内部市场的核心是协同。我们从三个维度来做这件事情。第一个维度就是能不能有立竿见影的效果。只要我们互为需求供给，我们内部按照市场规则就可以把事做完。当时我们列了内部市场的八大方向，测算不同业务板块的需求是什么，画了一个矩阵，把不同类型的协同都测算出来。第二个维度是1+1大于2的协同。有的事情在过去单独一方做不了，因为你没有竞争力，比如原来在国外买矿山，我们肯定不做，因为风险太大，技术、投资控制不了。但是你要是有了技术，有些时候就可以考虑做了。第三个维度是平台的打造，将采购、销售、信息等聚集在一个平台，围绕这一点发挥巨大的协同效应，实现企业重组的真正目的。"

2017 年上半年，新五矿成立了专门的领导小组，上线运行业务协同信息平台，制定《业务协同项目奖励办法》《内部业务协同采购管理办法》，举办多轮次业务协同对接会，从信息发现、鼓励协同到线下撮合的流程链条更加完整畅通。加强组织领导，积极推动业务对接，加大产品推介力度，上半年完成协同项目合同额约 290 亿元，其中期货服务 174 亿元、融资服务 41 亿元、工程建安 39 亿元、工程物资配供 22 亿元、资源产品贸易 22 亿元。

2018 年 1 月 30 日，中国五矿集团公司 2018 年度工作会透露：一年多来，内部协同意识明显增强，内部市场空间持续扩大，深层次合作潜力不断挖掘，业务协同量大幅攀升，协同项目签约合同额 1215 亿元、执行合同额 975 亿元，"打造千亿内部市场"迅速推进，全产业链竞争力充分释放，为央企互补式重组提供了典范和样板。

为打造"千亿内部市场"，新五矿全面推动全产业链业务深度融合、协同互补，释放出千亿级规模的内部市场红利，走出一条央企"互补式重组"新路子。

从五矿集团到下属企业，笔者在调研过程中接触的干部群众普遍认为，打造千亿内部市场，不仅带来实实在在的利益，还以市场促协同，以协同促整合，有效促进新五矿各子企业相互增进业务了解，加强了文化理解和融合，为全面推进业务协同和整合融合打下坚实基础，成为推进企业内部供给侧结构性改革、重塑新五矿的竞争优势的重要安排，成为新中国五矿实施业务模式变革创新的长远性、结构性、战略性安排。

"到有鱼的地方去撒网"：建设充满发展活力的内部市场体系

内部市场从无到有、从小到大，需要培育，需要维护，更需要拓展。这对参与到内部市场的"运动员"和"裁判员"都提出了新的要求。

新五矿首先聚焦业务供需培育形成内部市场，主动寻找市场，

"到有鱼的地方去撒网，到有草的地方去放羊"，内部各企业"近水楼台先得月"。同时各个企业积极提供市场，快速对接市场，不断提高服务内部市场的能力水平。集团公司"搭台"，各子企业"唱戏"，通过各子企业提供质量更高的产品和服务，提供更有竞争力的价格，将新中国五矿打造成中国第一、世界一流的金属矿产企业集团。

同时，新五矿制定了有序的内部市场运行规则。为避免出现打乱仗、出纷争的情况，内部市场先立规则，约法三章。每个企业都是独立的竞争主体，牢固树立规则意识，对自己的经营行为负责。针对业务协同容易出现的几个问题，新五矿制定了坚持合法合规底线要求，建立内部竞争原则等规则，解决好争端问题，保证内部市场沿着规则的正道健康、持续、有活力地运行。

在做了充分准备后，新五矿通过内部协同，着力锻造自己的全产业链优势，向每一个产业链环节要效益，向产业链的链条断缝要效益，向产业链的连接处发力，把产业链接合起来、融合起来，以内部市场为牵引，全面加强业务协同，对产业链各环节发挥联动作用、支持作用、协同作用，促进新中国五矿全产业链优势的发挥。

中冶集团是冶金建设的国家队，占全球市场 60% 的份额，几乎承建"一带一路"沿线所有的大钢厂。越南台塑河静钢厂项目、马来西亚关丹项目等都有很大规模的钢材需求量。中冶集团还是基本建设的主力军，"一带一路"未来每年的基础设施投资需求巨大，而且 70% 以上的国家是钢材净进口国。中冶集团充分发挥龙头带动作用，通过内部市场采购，直接带动五矿发展钢材等产品的出口。

在矿山开发运营领域，老五矿拥有国内外丰富的矿山资源，中冶集团拥有中国有色研究院、中国华冶等勘查、设计、施工类企业，能够提供矿山建设全生命周期"一站式"服务和全过程自动化采矿解决方案。五矿集团的海内外矿山通过内部市场获得这些服务，内部专业力量一起努力，提升在建在产矿山的开发运营效率和效益，及时解决生产运营维修改造中的一系列问题，使新五矿的矿产品更具成本竞争力。

在高技术服务领域，集团公司能够提供许多相关产品和服务的检验检测认证，比如，中冶建研院具有"国家建筑钢材质量监督检验中心"、"国家工业建构筑物质量安全监督检验中心"、"国家钢结构质量监督检验中心"等国家级质检平台及认证资质等独特优势，并已被批准成立中冶检测认证有限公司。检验检测认证是现代服务业中具有较高附加值的产业，目前，集团公司内部许多业务也都需要检验检测认证服务，内部市场也存在着巨大空间。

"打造千亿内部市场，对我们还是挺有帮助的。技术咨询服务、工程设计与承包、材料产业、节能环保、海外业务、环保投资运营，我们六个板块，几乎每个板块都直接受益，因为我们几块业务和集团其他单位的业务几乎都没有竞争关系。比如说我们的咨询板块，重组之后，就和包括中冶、老五矿的一些兄弟单位合作。"中国工程院院士、中冶建筑研究总院有限公司董事长岳清瑞说。

上线集中采购系统：实现合理采购、阳光采购、透明采购

重组后，新五矿要求各单位进一步加强成本管理，以保生存倒逼成本目标，从而调动全员降本积极性和责任感。新五矿分级建立成本管理体系，加强内部成本对标分析，加大成本在考核中的占比，加大成本费用管控力度；推动重要资源要素的集约化管理，提高运营效率，压缩运营成本；实现集团公司集中采购平台的上线运行，实现合理采购、阳光采购、透明采购。

新五矿提出，推动内部市场升级，打造真正的"利益共同体"，内部市场不仅是"肥水不流外人田"，更要从激励约束机制上真正建成"利益共同体"，使各方心往一块想、力往一起使。坚持责权清晰原则，加快完善争端问题裁决、协同利益分配等长效机制，推动内部市场合作广度更大、力度更强。新五矿打造了集中统一、高效透明、共享供应的采购体系，明确制定了集中采购物资时间表、优先序、路线图，逐步实现了主要子企业核心原材料的集中采购。

降低采购成本也是挖潜增效、开源节流的重要发力点。通过统一平台实施集中采购，能够迅速大幅降低采购成本、杜绝廉洁风险。新五矿全面实施集中采购线上管理，所有重大项目由专业部门统一负责组织招标采购，所有直管企业采购业务上线、在集团公司统一平台上开展，集团公司上网采购率、公开采购率都进入了央企先进的行列。

内部协同全力助推：看似"不可能"的重大任务变成了"可能"

重组三年来，新五矿通过内部协同全力助推，把多个看似"不可能"的重大任务变成了"可能"，实现了诸如"盐湖速度""基地速度""曹妃甸速度"等让国内外同行都大为惊叹的世界一流的大项目的建成、投产和达产，用"五矿速度"推动新五矿不断发展，树立并增强"五矿信心"。

基地速度

在五矿有色金属控股有限公司铜铅锌产业基地锌项目（以下简称"基地"）的建设过程中，新五矿各单位通过内部协同，全力助推基地建设。正因为有了内部协同单位的倾尽全力，才有了这个亚洲最大的铅锌加工厂，这个30万吨锌+30万吨铜+10万吨铅的铜铅锌产业基地的顺利竣工投产。而且按照国内同等规模的建设周期，最短也要一年半的时间才可能建设出如此规模的项目，可在内部协同单位全力助推下，仅仅用了12个月，基地就顺利竣工投产，铸就了连国外同行都为之惊叹的"基地速度"！

在该项目中，株洲冶炼集团股份有限公司作为工程建设项目的投资方，负责工程建设质量、进度、费控管理，以及与工程建设有关的各方协调与管理。中国五矿中冶集团中国恩菲工程技术有限公司担任工程设计、设备供货、建筑安装及试运行等全过程工程总承包（EPC）。五矿二十三冶建设集团有限公司负责地基处理工程，火法工艺部分、制酸系统、综合管网等土建施工安装工程，全厂电仪安装工程。中国一冶集团有限公司负责湿法冶金工艺系统、渣处理系统等土建施工安装工程。中国二冶集团有限公司负责电解车间、产品系统等土建施工安装工程。各个单位共同承担着把"不可能"变成"可能"、创造"五矿奇迹"的重任。

在占地面积1243.8亩、年产30万吨的我国首家工业废水零排放的智能化锌冶炼厂里，所采用的成熟可靠、成本最低的"大型焙烧－先进的浸出"工艺，以及采用的世界最大的锌冶炼 152 平方米焙烧炉，就是中国恩菲工程技术有限公司的专利专长技术和设备。在基地上被满天的雪花和漫地的泥浆逼哭的大小伙子，是五矿二十三冶建设集团的施工人员。

在业主和各参建单位、新五矿各个兄弟单位的协同努力下，短短一年时间，基地就实现了投料试生产。本项目从开工到投产实现了"四个零"的目标，即安全零事故、质量零缺陷，进度零滞后，投资零突破。

五矿有色金属控股有限公司铜铅锌产业基地锌项目是五矿集团首个 30 万吨锌冶炼厂项目，株洲冶炼集团股份有限公司和中国恩菲工程技术有限公司、五矿二十三冶、中国一冶、中国二冶的协同合作对后续的锌冶炼行业产生了巨大的品牌效应，提高了新五矿在传统有色冶炼行业的影响力，进一步塑造了新五矿的形象。

协同各方均在五矿有色金属控股有限公司铜铅锌产业基地锌项目中提高了经营业绩，EPC 全过程总承包管理便于建设单位与监理服务管理，缩短了建设周期，早投产见效益，因而降低了经营成本，节约了工程总投资，显著增加了五矿集团的经济效益。

五矿有色金属控股有限公司铜铅锌产业基地锌项目的建成，标志着五矿集团将在国内锌冶炼行业占据领军地位，为集团公司打造从矿山、冶炼到金属深加工的全过程产业链，成为世界一流的金属矿产企业集团奠定了坚实的基础。

盐湖速度

五矿盐湖有限公司开发的1万吨碳酸锂装置建设项目（以下简称"锂项目"），位于青藏高原柴达木盆地中部的一里坪盐湖矿区。锂项目是集团公司首个万吨级碳酸锂生产项目，也是新五矿新材料产业首个竣工及产品下线项目，意义重大，对后续盐湖锂行业产业链延伸发展具有显著的借鉴作用。

锂项目由中国五矿中冶集团中国恩菲工程技术有限公司进行设计、采购、施工，即EPC总承包／交钥匙工程。工程范围为：为实现生产1万吨碳酸锂而建设包含盐田、沉锂车间、卤水预处理车间等16项子项，包括子项内房建工程、工艺设备安装工程、单体调试、无负荷联动试车及配合发包人带负荷试车服务。该项目共同提高了两家单位在新能源新材料建设领域的影响力。

五矿盐湖锂项目处于柴达木盆地偏远高原干旱缺氧区域，项目占地面积约5万平方米，位于"无人区"之上，海拔2800多米，没有去过的人难以想象，去过的人永生难忘。一里坪湖区年平均8级以上大风天气达到75天，这片土地是喜马拉雅造山运动的产物，海水被抬升后，经日晒风吹，最后形成若干不规则的小湖或者干涸的大地，这里的蒸发量为降水量的150倍，海水蒸发后留下大量的盐卤，不仅湖水和土壤中含盐，地下水也是高浓度盐水，因此饮用水要从几百公里外拉来。该项目包含析钾老卤池、沉锂母液池、钠滤浓缩输水管线、原水池及供水泵站、综合给水泵站、空压站、锅炉房、盐酸罐区、生产生活污水泵站、职工活动中心、综合仓库及化验室、综合管网、厂区总平及道路、变配电及计控中心、卤水预处理车间、沉锂车间共 16 个单位工程，涉及大型土方工程、土建、钢结构、成套设备、工艺设备安装、工艺管网等专业。

在盐湖公司项目建设指挥部组织及各参建单位的协同努力下，项目建设团队适应、克服极度艰苦的自然、建设和生活条件，按合同要求以流程一次打通、产品一次合格为宗旨，于 2018 年 3 月正式开工，参建各方克服了高原、缺氧、无人区、位置偏远等种种自然、建设、生活困难，短短 6 个月时间完成建设，并于 2018 年 9 月 20 日顺利启动单机试车，2018 年 10 月 22 日开始投料试车，2018 年 11 月 19 日第一批碳酸锂产品下线。

从开工到投产，这一项目同样实现"四个零"的目标，即安全零事故，质量零缺陷，进度零滞后，投资零突破；创造了青海同类项目建设的最快速度，圆满完成了项目建设目标，展现了新五矿内部协同合作的巨大优势，提升了企业核心竞争能力，为新五矿在新材料领域抢占领军地位、推动国家新能源产业发展贡献了力量。

曹妃甸速度

汽车制造业是所有工业部门中产业链最长、带动效应最大的产业，新能源汽车已经成为世界汽车产业发展的主要战略方向，全球汽车电动化趋势已不可逆转。从 2009 年至今，中国汽车产销量已经连续 9 年蝉联世界第一。

"发展新能源汽车是我国从汽车大国迈向汽车强国的必由之路"，中国已成为世界新能源汽车的主导力量。动力电池是新能源汽车的"心脏"，而正极材料是动力电池的能量源泉，直接决定了动力电池的性能。

中冶集团下属的巴新瑞木镍钴项目拥有世界级的红土镍矿资源，蕴含丰富的镍、钴、锰以及钪资源。五矿与中冶重组后，新中国五矿全面整合镍、钴、锂资源优势和高端锂电材料的技术研发优势，全面布局动力电池新材料产业，打造覆盖全产业链、千亿级的新材料产业板块，为中国抢占第四次技术革命高地做准备。为此中冶集团决定以巴新瑞木产品为原料，结合五矿自身的优势生产汽车动力电池正极材料必需的高镍三元前驱体材料，并联合国内新能源汽车行业优秀企业国轩高科、比亚迪等共同投资新材料项目，致力于打造中国绿色能源旗舰企业。这一项目的副产品氧化钪是工信部重点新材料，铝钪合金是新一代航天航空材料，在国防、军工、民用飞机、汽车及高铁轻量化等领域应用前景广阔。项目建成达产后，将成为国内最大的高镍三元前驱体供应商和全球最大的氧化钪研发及生产基地。

中冶瑞木新能源科技有限公司中冶新材料项目（以下简称"新材料项目"）位于河北省唐山市曹妃甸钢铁电力园区，项目分两期实施，其中一期计划生产 NCM622 产品每年 4 万吨，同时副产氧化钪每年 20 吨，二期扩建后将转型生产 NCM811 产品每年 6 万吨，副产氧化钪每年 40 吨。

项目由中冶瑞木新能源科技有限公司负责项目投资，以及工程建设有关的各方协调与管理。中国恩菲工程技术有限公司负责项目的勘察、设计、采购、施工、无负荷联动试车以及协助业主进行投料试车等 EPC 总承包工作。重庆赛迪工程咨询有限公司负责中冶新材料项目建设过程全过程监理。金驰能源材料有限公司负责提供三元前驱体合成技术,包括提供前驱体合成反应控制技术及专利技术、核心反应釜设计及图纸、建立前驱体生产品质保证体系、指导生产等。

项目采用中国恩菲针对瑞木镍钴产品特点自主研发的三元前驱体短流程生产工艺和低成本提钪新技术,以及金驰科技的三元合成技术,生产 NCM 高镍三元前驱体产品,并副产氧化钪产品。

项目一期工程占地 480 亩,建筑面积 15.3 万平方米,共计 27 个子单位工程,项目采用 EPC 总承包模式,中国恩菲作为工程 EPC 总承包方,发扬"一天也不耽误、一天也不懈怠"的新五矿精神,按照集团公司"打破常规"的总体要求,充分发挥以设计为龙头的优势积极推进项目实施。

新材料项目从 2017 年 5 月完成项目可行性研究到 2017 年 8 月开始场地平整只有短短 4 个月时间,由于本项目涉及一些新工艺、新技术,更增加了项目设计的难度。项目所在地为吹砂造地而成,地下水位高,工程地质条件差。项目从 2017 年 8 月 6 日开始进行场平,在 45 天时间内完成 33 万平方米的场地平整、回填、强夯地基整理工作;从 10 月 1 日打下第一根桩到 10 月 27 日开始主厂房基础开挖仅仅 1 个月时间完成了 16 万米近 7000 根桩的施工;到 2018 年 2 月 10 日,在不到 100 天时间内,项目主要厂房全部实现了主体结构封顶工作。项目建设者们克服了工程地质条件差、环保要求高、主要土建施工在冬季的困难等重大难题,保证了项目土建施工的按期完成。

本项目涉及的各类设备总量达到 11500 台套,工艺管道近 300 公里,各类电缆达到 800 公里,同时由于生产工艺的需要,项目中的核心主工艺厂房对异物的防护要求很高,合理安排土建施工及安装工程尤为重要。通过采取平行施工、立体交叉等措施,确保了项目紧张有序地推进。2018 年 3 月,项目开始土建维护结构施工,5 月中开始设备安装,6 月中开始工艺管道及电缆安装,至 10 月中安装工作基本结束并进入项目收尾阶段。

在施工安装过程中,项目秉承"主线清晰、重点突出"理念,做好土建收尾,优化安装顺序,创造条件开展设备单体调试和区域试车工作,在正式电无法供应条件下想办法、找对策,从 8 月 31 开始陆续开展设备单体调试和车间区域联动试车工作,至 10 月 22 日,基本实现了从原料到产品主要工艺路线的全流程贯通工作,并于 11 月 15 日正式开始投料试车,在 2018 年 12 月份产出产品,创造了令国内外同行惊叹的"曹妃甸速度"!

作为中冶集团近 10 年来投资最大的实体项目,该项目从开始就按照"进度必确保、质量创国优、安全零容忍、环保应达标"整体要求实施,随着项目达产,在各协同单位的共同努力下,保证了项目技术可靠、质量创优、进度超前、费用可控,项目超前完成为新五矿抓住市场机遇、提前取得生产收益奠定了坚实基础。

作为新中国五矿在新能源动力电池材料产业布局的重要一环,中冶新材料项目将为新五矿快速占据国内新型锂电池行业领军地位、推动国家新能源动力汽车工业发展做出应有贡献。

◎发挥全产业链布局优势，培育增长新动能

重组后的新中国五矿，在做强主业的基础上，发挥全产业链布局优势，培育增长新动能。新能源、新材料等新兴产业代表新一轮科技革命和产业变革的方向，是新五矿实现新旧动能转换、创新发展的重要驱动力，也是充分发挥镍、钴、锂的资源优势和高端动力锂电正极材料领域的技术优势，进一步拓展延伸金属产业链的关键一招，为集团公司提供新发展动能和新利润的增长点。

塑造新动力：新能源材料三大项目

新五矿上下树立"一盘棋"思想，全力支持新动力板块建设。新能源材料业务的核心任务是加快三大项目建设，尽快投产达产、创效见效，把资源和技术优势转化为经济优势，进一步拓展延伸金属产业链。

新五矿的三大新能源项目分别是：青海盐湖提锂，曹妃甸三元前驱体生产和长沙电池正极材料扩产。新五矿集中资源优势与技术优势，以三大新动力项目为基础正式组建覆盖全产业链的新材料板块，推动金属矿产核心主业向产业链、价值链高端进军，打造中国一流、世界领先的新能源汽车电池材料产业综合服务商。

五矿盐湖碳酸锂项目仅用 8 个月完成从开工建设到第一批合格产品下线。氯化钾项目实现当年投产、当年达产、当年见效，在人迹罕至的戈壁滩上创造了"五矿速度"。中冶瑞木新能源三元前驱体项目于 2018 年 12 月 22 日建成投产，创造和刷新了多项

行业纪录，应用企业内部自主研发专利 40 多项。长远锂科的长沙正极材料扩产顺利投产、达产，抢占了技术制高点和行业话语权。

青海盐湖提锂

创造"盐湖速度"的五矿盐湖项目，是新五矿发挥全产业链布局优势，培育增长新动能的重大项目之一。

2018 年 1 月，五矿盐湖有限公司一万吨碳酸锂项目获得集团公司批复，3 月 15 日，万吨锂项目正式开工建设。万吨锂项目作为集团公司新动力产业三大项目之一，在构建新中国五矿"四梁八柱"中具有重要意义。

集团公司领导高度重视五矿盐湖锂项目建设工作，先后多次听取汇报并做指示，国文清总经理批示："一里坪锂钾产业基地建设要加快推进，完善技术方案，争取早建成、早投产、早见效。"

"奋斗正当时，莫负好时光"。为不负集团公司重托，自项目开工以来，五矿盐湖领导班子认真落实集团公司部署要求，扎根一线、实干担当，带领全体干部员工和各参建单位紧紧围绕建设安排，克服一里坪春季多风沙、夏季强日晒、秋季温差大等极端天气及现场施工条件艰苦、建设工期紧等困难，上下一心、密切配合、昼夜不停，以"一天也不耽误、一天也不懈怠"的精神，创造了青海盐湖行业项目建设的最快纪录，实现了令国内外同行惊叹的"盐湖速度"。

项目实施过程中，新中国五矿高度重视建设状况，多次在会上询问进展、了解困难、给政策、给支持，中国五矿集团公司领导更是时刻牵挂着一里坪项目进展，多次辗转数千公里深入海拔高、氧气稀薄的一里坪，现场检查指导工作、慰问现场参建人员，给大家加油打气。

看似寻常最奇崛，成如容易却艰辛。2018年11月19日，第一批碳酸锂产品下线。而对于五矿盐湖来说，这只是万里长征的第一步，未来，五矿盐湖人将继续秉持"珍惜有限、创造无限"的发展理念，继续发扬"艰苦不怕吃苦、缺氧不缺精神、海拔高追求更高、风暴强意志更强"的"盐湖铁军"精神，不忘初心、艰苦奋斗，争取早日实现达产达标、创收增效，为新五矿实现长富久安、高质量发展贡献力量。

曹妃甸三元前驱体生产

创造"曹妃甸速度"的新材料项目，是新五矿发挥全产业链布局优势、培育增长新动能的第二个重大项目。

2014年，习近平总书记在上汽集团考察时强调，发展新能源汽车是我国从汽车大国迈向汽车强国的必由之路。新能源汽车不仅是产品技术的一次重大变革，也是产品、产业价值体系的重构。

中国汽车销售已连续九年蝉联世界第一，中国新能源车销售在全球新能源汽车销售中占比达53.9%，连续两年成为世界最大的新能源汽车销售市场。国家调整新能源汽车补贴政策，并对车企实行双向积分制，不仅对新能源车的技术含量、配套设施、服务水平有了更高的要求，还将进一步扩大新能源车的市场需求：到2020年新能源汽车年产销达到200万辆，到2025年新能源汽车占汽车总产销的 20% 以上。

动力电池是电动汽车的"心脏",约占电动汽车生产成本的40%—60%,正极材料约占动力电池成本的50%—60%。前驱体是动力电池的能量源泉,约占正极材料生产成本的50%—60%。为了提升动力电池的能量密度,行业将会向高镍化、高电压发展。

2017 年 7 月 14 日,工信部发布《重点新材料首批次应用示范指导目录(2017 年版)》,将镍钴锰酸锂三元材料纳入新型能源材料重点目录,将高纯氧化钪纳入稀土功能材料重点目录。

为推动国家新能源汽车产业发展,新中国五矿积极响应,充分挖掘自身优势资源,利用瑞木镍钴矿镍、钴、锰、钪的优质资源,依托长远锂科锂离子电池正极材料制造经验、中国恩菲在湿法冶金领域技术优势,采用了 40 项专利技术,开发了定制式、短流程、绿色环保新工艺,打造以高镍三元前驱体为核心的新能源板块。2017 年 9 月,中冶集团联合国轩高科、比亚迪、曹发展共同投资设立中冶瑞木新能源科技有限公司,投资建设中冶新材料项目,将瑞木镍钴矿的氢氧化镍钴产品加工成高镍三元前驱体材料、高纯氧化钪,成为全国最大高镍三元前驱体和全球最大的高纯氧化钪研发生产基地。

项目前期和建设推进过程中,新中国五矿主要领导多次到现场视察指导工作,慰问一线干部职工,鼓舞士气、提振信心、坚定决心。在中国五矿集团的高度重视和正确领导下,中冶瑞木新能源科技有限公司组织中国恩菲、二十二冶、中冶天工、重庆赛迪和中冶沈勘等内部单位 1500 多名参建人员,大力弘扬"一天也不耽误、一天也不懈怠"朴实厚重的中冶精神，全速推进该项目。

根据五矿内部业务协同的整体布局要求，中冶新材料项目自勘察、设计到施工、监理全部由中冶集团各子公司承担。公司从注册到取得土地、环评等前期手续，仅用时45天；中冶沈勘用时46天完成604亩土地的勘察、33万平方米场地整理和强夯任务，为后期建设打下良好基础；总包单位中国恩菲派出80多人的设计、管理队伍驻扎现场，现场设计、制图和组织，确保高质量、高效率完成设计任务；施工单位中国二十二冶、中冶天工克服曹妃甸地区冬季严寒、大风天气等恶劣条件，60天完成15万米打桩任务，108天完成13万平方米厂房的结构封顶，为快速开展设备安装创造了条件；监理单位赛迪咨询全程保驾护航。该项目的建设速度创造了曹妃甸地区央企投资建设最快纪录，被称为"曹妃甸速度"，成为各级政府和各类企业参观学习的样板工程。

长沙电池正极材料扩产

长沙电池正极材料项目即指长远锂科电池材料项目，该项目位于望城经济技术开发区铜官循环经济工业基地。长远锂科电池材料项目产品规模为每年1万吨前驱体和2万吨正极材料。该项目于2017年10月31日开工建设，项目通过采用长远锂科技术研究院最新的研究成果和进行工艺优化设计，在未突破可研批复固定资产投资额的前提下，本项目正极材料产能可达每年3万吨、前驱体产能可达每年1.5万吨。2018年12月，正极材料投产1万吨、前驱体投产7500吨。

项目主要占地面积 206.57 亩，计容建筑面积 18.26 万平方米；主要建设内容包括食堂、宿舍、检测楼、前驱体和正极材料生产车间、智能仓库、制氧站、110kv 变电站等 16 个单体。

项目于 2018 年 12 月 28 日如期投产，新项目产能比原计划扩大了 50%，智能仓库技术顺利通过工信部立项，在行业内率先实现了工艺水回用及工艺废水零排放，树立了所在行业智能化、绿色化工厂的标杆。

长远锂科成立于 2002 年，专注于高端锂离子电池和镍氢电池正极材料的研发与生产近二十年，是中国五矿集团有限公司的直管企业，也是中国五矿服务国家新能源汽车产业战略的骨干平台。

长远锂科在 2010 年产值首次过亿，之后，2011 年 10 月，"年产 500 吨三元复合锂离子电池正极材料项目"建设完成；2013 年 8 月，"年产 1500 吨三元复合锂离子电池正极材料项目"建成投产；2014 年 10 月，获得"高新技术企业"称号；2017 年 8 月，"年产 7000 吨锂离子动力电池多元正极材料项目"建成投产；2018 年 2 月，晋升为中国五矿集团有限公司直管企业；2018 年 6 月，启动"废旧动力电池资源循环利用示范生产建设项目"；2018 年 10 月，长远锂科引进战略投资成功，与国风投、上汽投资、北汽产投等 4 家战略投资者，以及国调基金、建信信托等 7 家财务投资者签订增资协议，成功引入权益资金；2018 年 12 月，"车用锂电正极材料产业化及环保技改项目"建成投产；2018 年，长远锂科产值突破 30 亿元。

长远锂科作为动力电池材料领域国内最大、最主流的正极材

中国五矿旗下长远锂科铜官产业基地

料厂商之一，作为国内最主流的前驱体供应商之一，近三年来，经营规模翻了两番。营业收入由 2015 年的 7 亿元增长至 2018 年底的 27 亿元，利润总额由亏损增长至盈利 2 亿元，资产总额由 9 亿元增长至 32 亿元，职工人均年度工资总额从 7.67 万元增长至 11.91 万元。2018 年人均年产值达 350 万元。

长远锂科凭借极强的综合实力及高于同行的市场份额，在锂电正极材料领域担当起了"领头羊"角色，成为中国五矿新能源材料产业的有力担当，成为其服务国家新能源汽车产业战略的骨干平台之一。

长远锂科电池材料项目的投产在湖南省新能源材料产业发展上具有里程碑意义。项目达产后，可实现年销售收入 40 亿元、年税收 3 亿元以上，为提升新五矿的市场竞争力做出贡献。

未来，中国五矿计划以湖南长远锂科有限公司为项目主体，新建车用锂电池正极材料生产线。项目拟分两期实施，经初步估算，一期达产年收入将达 60 多亿元，税后净利润每年约 4 亿元。

面对未来，湖南长远锂科有限公司的总经理胡柳泉也颇有压力——虽然长远锂科锂电多元前驱体的产量和三元材料销量位居全国领先地位，业绩连创公司历史新高，短短的五年时间内，长远锂科产值翻了 10 倍，2019 年产值预计将达到 100 亿元。但该项目受政策驱动因素较大，行业竞争压力大，目前国内正极厂商已达 200 多家，虽然实际有竞争优势的公司不足 5%，但与锂电池行业发展的情况类似，正极材料行业也必将经历一个优胜劣汰的残酷过程，只有少数具备比较优势的头部企业能够生存和发展，长远锂科在新能源材料生产的道路上任重而道远。

曹妃甸亿吨级国际矿石交易中心：对外提升话语权，对内降低钢企成本

目前中国铁矿石消费量占全球一半，2016 年进口依存度达 87%。

新中国五矿作为国务院批准的国内金属矿产领域唯一的国有资本投资公司，致力于打造"中国第一、世界一流"的金属矿业集团，承担保障国家金属矿产资源供给和安全的重要使命，把"铜、铁、镍、钨、锌"等大宗矿产品在国际上具有较强程度的影响力和控制力作为公司的核心战略目标。

2017 年 11 月 3 日，中国五矿集团公司与曹妃甸港集团股份

有限公司、河钢集团、首钢集团、中国远洋海运集团在京举行签约仪式，五方决定以增资扩股的方式，在曹妃甸港共同建设涵盖保税、仓储、配矿、保值、融资、现货、期货交割库等功能的新型绿色环保、智能高效、功能齐全的亿吨级中国五矿曹妃甸国际矿石交易中心。

中国五矿总经理国文清表示，建设亿吨级国际矿石交易中心，是中国五矿在金属矿产领域贯彻落实习近平新时代中国特色社会主义思想和十九大会议精神的生动实践，是放大国有资本功能，不断增强中央企业的活力、影响力、抗风险能力的具体行动。项目将逐步改变中国钢铁企业进口矿石的渠道和贸易方式，推动钢铁企业的绿色建设、集聚合力，深刻影响国际矿石市场竞争格局，推动向更加稳定、理性、合理发展。

牵头建设亿吨级国际矿石交易中心，是中国五矿作为国家金属矿业领域唯一一家国有资本投资公司积极践行"一带一路"倡议、履行资源保障使命的重要方式，是中国五矿充分发挥重组后全产业链和独有技术优势、打造"中国第一，世界一流"金属矿产企业的战略布局，也是中国五矿贸易业务转型发展的新起点。五矿对项目高度重视，内部专门成立项目领导小组，由国文清亲自担任组长，由集团两名副总经理担任副组长。

新五矿采取强强联合、优势联结、战略协作方式建设这个年经营规模超亿吨、年混配4100万吨的中国北方最大铁矿石交易中心，将打通以用户端为"牛鼻子"，从矿山采集到贸易保值、航运运输、码头储运、技术服务的产业链通道，有助于对外提升话语权，对内降低钢企成本。

曹妃甸港作为"一带一路"的北方出海龙头，是中国仅有的四个能承接40万吨大船的港口之一，能提供不可比拟的区位优势和高效的物流仓储服务；世界钢铁看中国，中国钢铁看河北，河北钢铁看唐山，唐山是全国钢铁集中度最高的区域，每年可以消化进口铁矿石超过2亿吨。

中国五矿曹妃甸国际矿石交易中心定位高、起点高、规模大，集保税、仓储、配矿、保值、融资、现货、期货交割库等功能为一体，具备广阔的发展空间和市场前景。不仅可以满足钢铁企业对原料的个性化需求，通过大数据分析提供系统性解决方案，还可以大幅降低交易成本、提高效率、防控风险。项目集中混矿还将有力解决唐山区域钢铁企业的环保问题，推动中国钢铁产业转型升级。

曹妃甸国际矿石交易中心项目建成运营后，将为钢铁企业提供一对一的个性化服务，有力推动中国钢铁产业转型升级，提高中国企业在国际铁矿石市场话语权。

中国五矿携四公司打造亿吨级国际矿石交易中心

新华网记者 刘绪尧

2017年11月3日，中国五矿集团公司（以下简称"中国五矿"）与曹妃甸港集团股份有限公司、河钢集团、首钢集团、中国远洋海运集团在京举行签约仪式，五方决定以增资扩股的方式，在曹妃甸港共同建设涵盖保税、仓储、配矿、保值、融资、现货、期货交割库等功能的新型绿色环保、智能高效、功能齐全的亿吨级中国五矿曹妃甸国际矿石交易中心。

中国五矿总经理、党组副书记国文清在签约仪式上表示，建设亿吨级国际矿石交易中心，是中国五矿在金属矿产领域贯彻落实习近平新时代中国特色社会主义思想和十九大会议精神的生动实践，是放大国有资本功能，不断增强中央企业的活力、影响力、抗风险能力的具体行动。项目将逐步改变中国钢铁企业进口矿石的渠道和贸易方式，推动钢铁企业的绿色建设、集聚合力，深刻影响国际矿石市场竞争格局，推动向更加稳定、理性、合理发展。

据了解，该交易中心设计年混配量达4100万吨，年经营规模超亿吨。交易中心将以钢企客户需求为导向，以满足不同高炉的个性化"胃口"为标准，提供精细化服务，在混矿配矿中创造增量价值，打造"中国五矿"品牌拳头铁矿产品。交易中心还将针对矿石进港、

中国五矿曹妃甸国际矿石交易中心合作协议签约仪式

混配、出港等环节建立大数据，精准开展运营管理，为钢企提供一对一的定制服务和售后技术服务保障。项目集中混矿还将有力解决钢铁企业的环保问题，推动中国钢铁产业转型升级。

国文清在签约仪式上强调，牵头建设亿吨级国际矿石交易中心，是中国五矿作为国家金属矿业领域唯一一家国有资本投资公司积极践行"一带一路"倡议、履行资源保障使命的重要方式，是中国五矿充分发挥重组后全产业链和独有技术优势、打造"中国第一，世界一流"金属矿产企业的战略布局，也是中国五矿贸易业务转型发展的新起点。他强调，目前中国铁矿石消费量占全球一半，2016年进口依存度达87%，建设曹妃甸国际矿石交易中心，与中国五矿的战略使命和发展目标高度匹配。中国五矿将充分发挥全球贸易体系优势和中冶集团冶金建设国家队优势，通过建设高端、环保、功能齐全、设备配套的国际一流矿石交易中心，努力改变中国钢铁企业进口矿石的渠道和贸易方式，推动钢铁企业的绿色建设和集聚合力，更好服务全球市场。

铁矿混矿业务的发展根源是矿石品质的参差不齐，包括含铁品位、粒度和杂质含量等因素。由于钢铁企业生产中使用的含铁原料来源广泛，品种繁多，各种含铁原料的成分和粒度都有很大的差别，即使是同一品种的原料，各批料之间的成分和粒度也有很大的波动。因此，通过配矿业务生产出成分均匀一致、波动小的产品，在实际生产中显得尤为重要。通过科学混矿，可以使最终混矿产品能够满足钢厂生产工序的指标要求，从而为钢厂生产提供稳定的原料供给保障。但受制于企业规模、实力等原因，很多企业并没有混配的条件，无法对矿石原料进行二次混配，导致高炉炉况波动恶化，燃料比偏高，铁水成本缺乏优势。

市场分析人士指出，中国五矿牵头建设铁矿石交易中心，有独特的竞争优势："中国五矿作为中国最早成立的专业贸易公司之一，有着60多年从事大宗商品进出口贸易的丰富经验，有自己的物流运输力量，也有长期稳定的销售渠道。中冶集团在冶金工业建设领域具有绝对优势，占据了国内90%、全球60%的冶金建设市场，对国内各大钢铁企业、各类型高炉的设计结构和原理非常熟悉，了解各大钢厂对高炉入炉料的需求。开展港口铁矿石混矿业务方面，重组后的中国五矿具备明显的、独特的优势。"据了解，五矿方面对此项目也高度重视，内部专门成立项目领导小组，由国文清亲自担任组长，由集团两名副总经理担任副组长。

而本项目中国五矿的合作方也非常具有代表性，项目选址曹妃甸港，因其本身区域位置优越，能够为项目提供行业领先的物流仓储服务能力。作为"一带一路"倡议的北方出海龙头，曹妃甸港口条件优良，是全国仅有的四个可靠泊40万吨级Valemax船舶的港口之一，其铁矿石吞吐量约占整个河北的一半。众所周知，河北省是中国最大的钢铁生产聚集地，仅唐山地区2016年一年就有2.4亿多吨的矿石需求量，市场需求潜力巨大。首钢集团、河钢集团是国内顶尖的大型钢铁企业，具备数千万吨的先进钢铁产能，成为项目最稳定的核心客户；中国远洋海运集团是全球运力规模最大的综合航运公司和世界领先的综合物流供应链服务商，是项目超一流的运输保障。中国五矿方面表示，此次强强联合、战略协同，是中国大型国有企业强强联合、探索互补性合作新模式、打造生态型产业平台的一次合作典范，合作也打通了以用户端为"牛鼻子"，从矿山采集到贸易保值、航运运输、码头储运、技术服务的产业链通道。

该项目的实施还有助于解决钢铁企业的环保问题，为京津冀地区的环境保护做出重要贡献。就此，中国五矿方面表示，建设封闭、智能、环保的交易中心，可以降低物料的损耗，同时大幅改善周边环境和工作环境。曹妃甸国际矿石交易中心将确保规划设计满足国家相关规定和区域未来发展的环境约束，为京津冀地区环境保护做出贡献，力争做成节能环保、绿色和谐的样板项目。

第四章

改革・提效

国有企业是中国特色社会主义的重要物质基础和政治基础，是我们党执政兴国的重要支柱和依靠力量。

改革开放 40 年来，国有企业改革经历了放权让利、转换经营机制、利改税、建立现代企业制度等多个阶段，取得了巨大成就。当前，中国特色社会主义进入了新时代，深化国有企业改革的任务依然艰巨。

习近平总书记在中央全面深化改革领导小组第二十四次会议上还指出："要认识到改革有阵痛、但不改革就是长痛的道理。对各种矛盾要做到心中有数，增强改革定力，抓住改革时间窗口，只要看准了的改革，就要一抓到底，务求必胜。"

重组后的新中国五矿体量大，点多线长面广，大事多、要事多，管理的要求高、难度大，对工作效率提出了极高要求。新五矿以改革为动力，凝心聚力，推动企业在市场的汪洋大海中劈波斩浪、奋力前行。

◎ "刀口"向内，持续深化体制机制改革

中国五矿集团作为国有重要骨干企业，一直承担着服务国家经济建设的光荣使命，集团公司的发展战略与国家的发展需要始终保持着高度的一致。重组后的新中国五矿，持续深化体制机制改革，加快建设国有资本投资公司。

全面改革：一场自上而下的"革命"全面开启

中国五矿集团从成立至今，始终秉承着对党、对国家的忠诚，重组后的新五矿，争当做中央深化改革的排头兵、桥头堡，集团上下深入贯彻习近平新时代中国特色社会主义思想和党的十九大精神，扎实稳妥地深化企业改革，推动中国五矿集团在新的历史条件下承担新使命、展现新作为、做出新贡献。

中国五矿集团坚持向改革要动力，一场自上而下的"革命"全面开启，一张新的蓝图正在绘制！

总部改革先锋引领："刀口"向内，"刀刀见骨"

一场战略大重组，将两家世界 500 强企业——中国五矿和中国中冶合二为一，新生的五矿集团雄心勃勃，无论是在商业版图上，还是在国际地位上，都展现出"扩张"之势，但与此同时，在新五矿内部，一场"刀口"向内的改革正在悄无声息进行着。

从企业管理层面来讲，重组并不是简单的"媒体公布"，也不是简单的集团名称变更，而是两个"巨无霸"集团的"血肉融合"，最终成为"你中有我""我中有你"的健康肌体，这是一个重大的聚变。

改革有阵痛、不改革就是长痛。改革必须要稳、准、快，拖沓不得，更犹豫不得。中国五矿集团不惧困难，秉承着"一天也不懈怠，一天也不耽误"的精神，雷厉风行地开启了集团改革之旅。

上行而下效，这场关乎新五矿整体生命力、竞争力的内部改革，从集团总部揭开了序幕。

新五矿以打造金属矿产领域国有资本投资公司为抓手，先后在 2016 年和 2018 年进行两轮改革，不断优化管理制度，加快完善现代企业制度，为集团"国际化"布局提供强劲活力。

集团总部新设资本运营、采购管理、国际事业管理、信息化管理四个部门，机构设置更合理，部门职责更明晰；彻底理清了党组会、董事会和总经理办公会的权责边界，从工作流程到责任主体，再到审批权限，一系列的管控、决策体系更加缜密、科学、稳妥、周全。改革涉及约 500 项决策事项以及对直管企业约 300 项的核心管控事务，不仅面广，而且"刀刀见骨"。

提质增效不是"口号"，改革之初，五矿集团就迅速将总部 17 个一级职能部门调整为 11 个，部门数量减少 35%，总部人员从 342 人缩编至 239 人，降幅达 30%，总部职能与机构设置得到优化，健全了集团层面法人治理机制，对于全面建设权威、高效、服务型总部意义重大。

国家有号召，央企有行动。中国五矿集团快速深入落实习近平总书记提出的"调整产业结构，要更加注重加减乘除并举。"的重要要求，在产业结构上也进行了大刀阔斧的改革。

挥毫写"加"字，新五矿新的产业增长点前景喜人。有色中心拆分为五矿国际和有色控股，海外矿业资产实现内部统一规划、集中管理和一体化运作。重塑有色控股，中钨高新、长远锂科提升为直管单位，集团总部对钨、锂电池的产业管控和支持更加有力，可大大促进国内钨、锂电池产业转型升级创新发展。

狠心写"减"字，大力压减层级、分离移交"三供一业"，轻装上阵成为可能。中国五矿集团公司领导挂帅成立领导小组和工作组，逐家与各直管单位进行座谈，夯实任务、明确责任。到2017年底中国五矿法人层级减少至12级，管理层级压缩至4级，提前完成国资委考核任务。"三供一业"分离移交工作顺利，解决了一些多年未能解决的重大历史遗留问题。

低头写"乘"字，千亿内部大市场全面开创新局面。内部市场领导小组牵头，内部协同管理办法保驾护航，以协同信息平台为支撑，多次举办业务协同对接会，充分发挥重组后的全产业链优势。打造千亿内部大市场的改革战略初见成效，为集团做大做优做强提供了强有力的支撑。

握拳写"除"字，集中力量"处僵治困"。包括建设铜铅锌产业基地项目，分立式改革百年老企业水口山、锡矿山。2017年，国资委挂牌督导的僵尸特困企业全部处置完成，超额超预期提前完成国资委年度考核任务。

加减乘除，四措并举，中国五矿集团的产业结构得以调整优化，"躯体"更加强悍，国际竞争力也随之增强。

基层改革全面铺开：坚守"一亩三分地"甚至"靠天吃饭"的想法行不通了

五矿总部改革并不是最终目的，而仅仅只是一个开始，改革不能只停留在"点"上，只有全面铺开、全面深化，才能形成"燎原之势"，真正锻造出一个崭新的五矿，一个坚不可摧的五矿，一个更有国际影响力的五矿。总部改革后，新五矿各直管单位制定出台了一系列深化改革的实施方案和计划，一时之间，基层改革如雨后春笋般全面铺开。

有色控股，实事求是谋出路，出台了"三个一批"深改方案。"三个一批"即坚决退出一批企业、改革重组一批企业、持续发展一批企业。有色控股组建了8个改革工作组，将2017年确定为改革执行年，全面推进深化改革，一举成功实现控亏止血，打破了连续三年亏损的局面，逆境图存，绝境求生，用实际成果给广大职工吃了一颗定心丸。

在锡矿山，"分立重组，主辅剥离、盘活存量、分块突围"的分立改制方案落地、生根，并开出了美丽花朵。实践证明，改革效果明显，公司当年就实现盈利5000多万元。作为中国五矿的改革试点企业，锡矿山的改革经验得到推广，水口山也随即按照这一思路进行分立改制。

基层改革必有阻力，锡矿山分流人员1472人，这看似简单的数字背后，是一千多名职工的悲与泪，是上千个家庭躲不过的"劫"，但令人感动的是，一名被分流到社会再就业的女职工，对于公司的减人增效没有半点埋怨，"总要有人做出牺牲，如果我的离开能让锡矿山变得更好，我愿意。"不管是离开的人，还是留下的人，所有人的期盼都是一样的——企业能重振辉煌。

株冶大搬迁，牵动的不只是在职员工们的心，一位80多岁的退休老党员也看在眼里、疼在心上，企业遇上了困难，人老了，干不动了，但多年来得到组织的关心照顾，怎么能无动于衷？老人主动拿出一万元，向党支部交出"特殊党费"，以此来表达自己对改革的坚定支持，对组织由衷的感谢。

在水口山，为了尽快推进改革进程，党委研究做出了很多"有温度"的安排，双职工家庭，至少保留一个人的岗位，对于真正有困难的弱势群体，用一腔真诚与善良，照顾职工，特殊问题特殊解决。

谈及"基层改革"的工作经验，董事长、党委书记王明辉说："任何问题，如果真的是狭路相逢，我就冲上去；如果不是针锋相对，我就以一颗柔和的心去面对问题，帮大家解决困难。当领导必须要保证公正，还要有一颗善良的心，不能蛮干，不能镇压，压下去的问题永远是遗留的隐患，迟迟早早都会暴露出来。"

改革无情人有情，在新五矿的基层改革中，以人为本，全面推进，终于使得新五矿在整体平稳的态势下扎实推进改革步伐，最终实现一批改革企业的凤凰涅槃。

五矿矿业是中国五矿一个以铁矿采选为主业的直管单位。2016年，按照集团公司要求，将邯邢矿业注入五矿矿业，合并运行。五矿矿业有20多家基层单位，其中10家属于处僵治困范围，历史上"亏得最多"的一年亏损8个亿。

合并不久，五矿矿业从机关总部改革开始，拉开改革治本的序幕，打响了绝境求生的战役。

"我们目前已经完成了邯邢矿业和五矿矿业的合并。"五矿矿业总经理魏建现说，按照集团的要求，首先从总部开始改革，然后延伸到二级单位机关进行改革，总部人数和两级机关数量精简幅度都超过50%。同时全面清退外委施工和劳务派遣人员、清退一线外围队伍，分流机关人员，充实生产一线人员，力度很大，把富余职工安置好了。2016、2017 两年，将 6 座因资源枯竭实施的政策性关闭破产矿山移交给地方人民政府，清除了一些沉重的历史包袱。

"我们关停了很多高成本矿山，有很多富余人员需要妥善安置，我们制定富余人员分流安置管理办法，当时非常慎重，层层开会征求意见，进行动员。"魏建现回忆，安置办法职代会通过以后开始实施。"这一次改革触动了 2000 多人的个人利益，改革调整涉及 2411 人，转岗、内退和分流人数占当时全员人数的 22.97%。在这个过程中，各级党组织做了大量的思想政治工作，职工也表现出空前的凝聚与奉献，使改革得以平稳顺利实施。"

2016 年，五矿矿业提出的经营目标是现金流不亏损。"当时市场是最恶化的时候。经过我们一年的努力，2016 年完成了目标。"他说。

"只有深化改革企业才有出路和活力的想法形成共识。"2018 年 9 月 28 日，中国五矿集团董事长、党组书记唐复平在谈到十八大以来中国五矿在几个方面出现的可喜变化时说，近年来，集团公司积极适应形势发展需要，不断变革创新，很多管理、改革举措之所以能够快速落地。大家更加清醒地认识到，只有改革才有出路、才有发展，故步自封、坚守"一亩三分地"甚至"靠天吃饭"的想法已经行不通了，新的形势新的任务要求我们只有不断变革才能跟上时代和集团快速发展的步伐。集团各职能部门和各级企业自我革新的意识不断增强，主动提升工作节奏、适应形势要求、奋力攻坚克难，有力助推了集团不断自我提升、持续发展。

公司治理目标：坚持"做强做优做大"国有企业

国有企业到底听谁的、怎么管、靠什么组织保障？

党的十八大以来，习近平总书记站在党和国家事业发展全局的战略高度，在国有企业发展面临困境迷茫的重要历史阶段三次举旗定向、拨云见日，做出重大判断和重要指示，对国有企业发展形成三次重大推动，也为国有企业公司治理指明了航向。五矿在中央的领导下，加强党的领导，坚持"做强做优做大"国有企业。

"做强做优做大"国有企业：总书记三次举旗定向，三次拨云见日

金融危机后，全球经济形势发生重大变化，国有企业"走出去"因为经验不足而吃了苦头、栽了跟头、交了学费，大量投资出现失败。习近平总书记第一次举旗定向：在十八届三中全会上鲜明提出"不断增强国有经济活力、控制力、影响力"，为国有企业坚定实施"走出去"战略、提高国际化经营能力指明了方向。

随着国际政治经济形势日趋复杂多变，国有企业庞大的海外资产面临严峻挑战。针对新情况新问题、针对重点难点，习近平总书记进一步提出要增加"抗风险能力"和"国际竞争力"，大力提升了国有企业新形势下"走出去"的速度和质量。在十九大报告中，习总书记站在"新时代"确立国有企业发展新方位，赋予国有企业更大的责任和更高的使命，提出要"培育具有全球竞争力的世

界一流企业"。国有企业不仅要为中国经济从高速增长向高质量发展转变作出贡献，更要瞄准世界一流标准，不断提升国际竞争力，助力中国主动参与和推动经济全球化进程、构建人类命运共同体。

党的十八届三中全会后，国有企业进入改革深水区加速期，急需优化布局结构、提升资源配置效率。习近平总书记再一次举旗定向，在 2015 年 7 月赴吉林调研期间旗帜鲜明提出，"要坚持国有企业在国家发展中的重要地位不动摇，坚持把国有企业搞好、把国有企业做大做强做优不动摇"。随后在 2016 年 7 月全国国有企业改革座谈会上，习总书记进一步作出重要指示，"国有企业是壮大国家综合实力、保障人民共同利益的重要力量，必须理直气壮做强做优做大"。

中国五矿与中冶集团两家世界 500 强企业战略重组，就是落实习总书记讲话精神、"做强做优做大"国有企业的有力践行。

随着国有企业作为市场竞争主体和党的执政基础双重角色日益凸显，治理关系越来越复杂。一些国有企业由外董担任董事长，董事会、总经理办公会、党委（党组）会权责不明，而且不同程度存在党的领导、党的建设弱化、淡化、虚化、边缘化问题。社会上也出现了把"公司治理"和"党组织决策"对立起来、把"市场化"和"行政化"对立起来的错误论调。针对这种情况，习近平总书记第三次举旗定向，为国企发展锻造了最为坚强有力的组织保障。2016 年 10 月 10 日—11 日，全国国有企业党的建设工作会议在京举行，习近平总书记出席并发表重要讲话，紧紧围绕"加强和改进新形势下国有企业党的建设"进行了深刻阐述，作出"国有企业不仅要，而且一定要办好""国有企业党的领导、党的建设只能加强、不能削弱"等一系列重大论断，强调"坚持党对国有企业的领导是重大政治原则，必须一以贯之；建立现代企业制度是国有企业改革的方向，也必须一以贯之。要把加强党的领导和完善公司治理统一起来，建设中国特色现代国有企业制度"。

这是党和国家最高领导人首次出席国企党建工作会议并发表重要讲话，国有企业党的建设被提升到一个前所未有的高度。

加强党的领导：骨子里的信念忠诚、激情澎湃的热血忠诚

中国五矿集团公司深入贯彻落实习总书记在全国国企党建工作会议上的重要讲话精神，坚持党的领导、加强党的建设，以骨子里的信念忠诚、激情澎湃的热血忠诚，深化改革、谋划发展，确保国有资产保值增值。

按照中央统一部署，集团公司党组成员全部成为中管干部，政治荣誉感和责任感倍增，攥成拳头拧成绳，形成坚强的领导集体。坚持党要管党、从严治党，打造风清气正的干部团队，全面激发干部和人才队伍的一池活水，开创一马当先、万马奔腾、不用扬鞭自奋蹄的生动局面。

坚持党的领导、加强党的建设已成为集团公司的一大政治优势，成为新五矿勇闯难关、保持大发展态势的"重要法宝"。

习近平总书记关于"加强和改进新形势下国有企业党的建设"的深刻论述，为国企发展锻造了最为坚强有力的组织保障。作为关乎国计民生的支柱型央企，忠诚是镌刻在五矿骨子里的基因，

中国五矿党组中心组深入学习研讨习近平新时代中国特色社会主义思想

是流淌在五矿血液中的氧气。

2017 年年初，中国五矿党组落实中央和国资委党委关于将党建工作总体要求写入公司章程的要求，对公司章程作了修订。新修订的公司章程中单列"党组"一章，将党组的机构设置、工作职责、工作任务、参与重大问题决策的主要程序等内容作了规范，明确了党组在企业决策、执行、监督各环节的权责和工作方式，以及与其他治理主体的关系。

中国五矿在梳理原有决策事项权限基础上经过反复沟通、研究，形成了《中国五矿集团公司党组会、董事会、总经理办公会决策事项权限清单》，并同步起草了《中国五矿集团公司党组会、董事会、总经理办公会决策权限管理办法（试行）》。《管理办法》

重点明确了党组会、董事会、总经理办公会决策事项、权限界面及相应的决策流程；《权限清单》梳理重大决策事项 145 条，涉及党建工作、生产经营重大决策、重要人事任免、重大项目安排和大额资金运作等方面，详细区分并明确了党组会讨论决定的重大事项，党组会研究讨论后再经董事会、总经理办公会审议决定的重大事项等。

2017 年 1 月 9 日，《管理办法》和《权限清单》印发执行，在央企中首家以制度化形式把党的领导融入公司治理各环节，理顺党组织和企业其他治理主体的关系，决策运行机制进一步优化。

中国五矿还着手开展党组、董事会、经理层工作机制的完善工作，通过建立和完善相关制度规定，明确了党组、董事会和经理层的职责权限，理顺了党组织和企业其他治理主体的关系，为使党组织发挥领导核心作用和政治核心作用组织化、制度化、具体化作出了积极探索，也为推动企业内部形成各司其职、各负其责、协调运转、有效制衡的公司治理机制，使党组织真正成为公司法人治理结构的有机组成部分打下了坚实的基础。

在顶层设计层面，新中国五矿进一步明确了党组会、董事会、总经理办公会的权限范围和决策流程，集中打造权威、高效、精简总部。

坚持党的领导、加强党的建设，是国有企业的"根"和"魂"。公司管理与党建的有机融合，让新五矿焕发了新的生机和活力。

新五矿从 2016 年年底开始，对全集团开展党建工作责任制考核，确实把中央关于党建工作的要求，逐层落实下去，中国五矿党组非常重视加强党建与生产经营的紧密融合。同时，党建工作为干部队伍、人才队伍的建设方面提供了组织保障。

作为央企，公司治理必须要加强党的领导，中国五矿集团切切实实把党的领导与企业的经营融合到一起，从株冶大搬迁到清水塘关停，再到铜铅锌基地的建设，从安置分流职工到留住优秀科研人才，党委在企业各个发展阶段，特别是困难时期都发挥了举足轻重的作用。

在党建工作的有力引领下，新五矿的各个企业都实现了历史上的新突破，从生产经营到绿色环保，从项目建设到处僵治困……党的有力领导，为企业发展插上了绿色的翅膀。扛着红旗跟党走，中国五矿正在以一个有责任、有担当、有使命的央企形象昂首阔步走上国际舞台。

中国五矿集团董事调研下属企业

"集团公司的党建工作特别是基层党建质量提升，就要围绕实现我们的愿景、履行好我们的使命、站准我们的定位来谋划和部署。衡量我们的党建工作做得好不好、质量高不高、有没有效果，就要看我们的企业生产经营业绩是否提升了，改革发展工作是否有力有效，党员干部队伍的积极性是否有效调动，职工队伍是否和谐稳定。"唐复平说，通过近几年来的不懈努力，集团公司全面从严治党的成果输出日益显现，逐步塑造形成回归经营本质的企业价值观，广大党员干部遵规守纪意识显著增强，在自我革新和自我革命中激发了中国五矿的新活力，打造了中国五矿的新格局。

精细化管理：向管理要效率，向管理要利润

管理抓得越细，越能发现问题，才能有效解决问题。

精细化管理，是新五矿掀起的一场"自我革命"，随着这场管理革命的不断深入，这场管理革命，正在为新五矿提供源源不断的发展动力。

中国五矿的负责人不断强调：我们不仅要会拿项目、投项目，更要会管项目，要补上项目管理这个短板。子企业的管理能力要跟得上规模扩张，要成为项目管控的平台，中冶集团的二级子公司要迅速建立项目管控平台，将项目管理权上收；明确项目经理终身责任制，必须对项目管理的全过程负责；牢固树立"省一分钱容易，挣一分钱太难"的思想，加强全生命周期精细化管理；认真梳理在手PPP项目，确保资金安全和合理回报。

对于矿山企业而言，没有成本竞争力就没有生存空间，必须对标先进企业，加大降本力度，用成本管控倒逼管理提升，全面夯实管理基础，加强精细化管理。

向管理要效率，向管理要利润，一场精细化管理的革命，正在大力夯实五矿的根基，为整个集团的再次启航蓄力。

在中钨高新，强化精细化管理，通过矿山共享中心开展物资集采，不断提高集采比例，降低采购成本，并通过采选加工一体化进一步降低成本，使得钨精矿完全成本和硬质合金产品加工成本有了大幅度的同比下降。

在五矿铜业，"注重细节、做到细致"已经成为公司上下的工作指南，各个层级每日督查、每日考核，主要领导亲自抓，全体班子成员下沉一线抓落实。2018 年启动班组经济成本核算制度后，五矿铜业形成了公司、分厂、工段、班组纵向四级成本管理格局。五矿铜业总经理闫友只要在工作岗位上坚守，就几乎每天都要到生产线上走几圈，到一线去核查情况，解决问题。得益于精细化管理，五矿铜业从"红旗能扛多久"的困难企业到扭亏为盈后"扛着红旗能走多远"的五矿重点企业。

在湖南有色金属投资有限公司，重组三年来最大的变化就是管理观念的转变，2016 年之前，粗放式的管理直接导致大面积、大额度亏损，2016 年初，湖南有色金属投资有限公司从人力资源、财务资产、科技、投资、安全环保等八个方面提高精细化管理水平，企业成功扭亏脱困。

契约化管理："千斤重担人人挑，人人身上有指标"

2018年5月11日，中央全面深化改革委员会第二次会议召开，会议审议通过了《中央企业领导人员管理规定》。2018年9月，中共中央办公厅、国务院办公厅印发了《中央企业领导人员管理规定》，并发出通知，要求各地区各部门结合实际认真遵照执行。《规定》明确提出对央企领导人员实行任期制，推进契约化管理。

契约化管理是指契约双方以战略规划为基础，以市场化为导向，以任职合同、经营业绩任务书为载体，约定经营管理者目标、考核指标和奖惩措施，以及在完成上述任务过程中契约双方的权利、责任和义务，共谋科学发展的一种管理方式。这既是围绕市场化原则刚性确定考核目标和实施奖惩的考核体系，也是推动各级企业真正成为自主经营、自负盈亏的独立市场主体的有效途径。

契约化管理是实施全面深化改革的重要举措，是落实企业市场主体地位和经营责任的有效路径，是落实集团发展战略的有力保障，激发企业自主活力的创新机制，全面加强党的领导建设的重要手段。中国五矿集团负责人高度重视契约化管理，着力推动集团公司业绩考核体系优化工作，牢牢把握契约化管理要点，激发竞争力提升的内在活力。

针对契约化管理，五矿集团颁布了《关于集团公司实施契约化经营管理的意见》，推动企业落实主体责任。集团企划部制定了分类考核指标体系，打通契约化经营各个环节，包括打通任期考核，任期内各单位要保持考核指标的稳定性；打通市场对标，关注各行业世界一流企业的行业关键指标，强化对标考核；打通战略导向，紧密衔接四梁八柱的业务组合，为资产组合持续优化提供有效输入。同时设计了企业竞争力对标考核机制，落实契约化经营理念。最终建立总部机构考核指标库，严格落实量化细化考核，真正做到"千斤重担人人挑，人人身上有指标"。

新五矿全面推行契约化管理，按照"先确权、后赋责、再定利"的思路，建立健全总部机构负责人和直管企业负责人契约化管理考核制度，根据业绩分位值、行业竞争力指数确定薪酬分位值，根据考核结果严格兑现奖惩。还制定出台了《推进关键岗位人员能上能下实施办法》，对不在状态、业绩不突出的领导干部，坚决调整、随时调整、绝不手软。按照"市场化选聘、契约化管理、差异化薪酬、市场化退出"原则，在五矿信托、金洲精密工具等子企业探索建立职业经理人制度。

契约化管理是增强活力和竞争力的"牛鼻子"，是确保目标落实的"关键招"。作为国有资本投资公司，新五矿集团公司的重要责任之一就是资本权力上移，经营责任下沉。总部的责任是管好资本，各级企业的责任不仅是要成为中国五矿的利润支柱和亮丽名片，更要成为抢占全球市场制高点的优胜者。

各个企业在契约化管理的推行过程中，建立了经济责任制，把责任完全嵌入考核任务书中，用业绩考核夯实责任。把"尺子"交给市场，把精力从"讨价还价、相互攀比"上转移到提高竞争力上，确保上下目标一致、压力共担、同心同力，并以更加规范的管控模式授权监督，以更加有效的激励机制绑定利益。各个企业根据契约化管理的要求，建立起与之匹配的薪酬体系和激励约束机制，经营者从"让我做好"的被动监管转变为"我要做好"的主动作为，切实用好业绩考核的导向作用、薪酬分配的杠杆作用、长期激励的绑定作用。

重组三年间，契约化管理深入到新五矿的各个单位，各个领域。比如在长沙矿冶院，还实行了科技人员契约化管理，从研究开发的合同开始，执行目标责任制，按照进度进行检查，并配合年度检查，最后进行综合考核，通过这样的契约化管理，不断提高科技人员的积极性，从而敦促科技人员创造卓越成绩。

混合所有制改革

党的十九大报告中，习近平总书记结合新时代国有企业改革发展的新情况作出新的重大部署，明确指出"要完善各类国有资产管理体制，改革国有资本授权经营体制，加快国有经济布局优化、结构调整、战略性重组，促进国有资产保值增值，推动国有资本做强做优做大，有效防止国有资产流失。深化国有企业改革，发展混合所有制经济，培育具有全球竞争力的世界一流企业"。

根据党中央提出的混改方针，新五矿通过混改，完善子公司治理结构，让新股东有话语权；强化有效激励，增强经营团队和员工个人干事创业的原动力；增进业务协同，通过新股东带来新技术、新市场、新客户；变革体制机制，提高企业运营效率。集团公司对子公司的混改不做强制性要求，而是坚持问题导向、宜混则混。考虑到行业竞争特点，重点推进钢铁贸易业务、新材料业务领域混改，积极研究上市公司"二次混改"。

　　2014年初，长沙矿冶院为推进科研运行机制改革，促进科技成果转化，激励和稳定科技人才队伍，提升科技创新能力，向集团公司提出对科技人员实施股权激励改革试点的申请。热工装备项目组由于项目组人员、业务、资产比较清晰，被长沙矿冶院选定为科技人员持股的首家试点，并得到中国五矿的认可。

　　2015年1月13日，中国五矿正式批复同意以热工装备项目组业务和人员为基础，由长沙矿冶院和项目组18名核心技术人员、管理骨干共同出资设立金炉科技。金炉科技有限责任公司是中国五矿集团公司批准的首家科技人员持股改革试点单位，该企业主要从事新材料领域人工智能高端热工装备及其自动化生产线的研发制造。作为混合所有制改革试点单位，2018年2月，金炉科技完成股份制改造，由有限责任公司改制成为股份公司。

　　金炉科技注册资本人民币500万元，长沙矿冶院以货币出资300万元，占60%股份，18位核心技术人员和管理骨干以货币出资人民币200万元，占40%股份，其中团队主要负责人出资40万元，占8%股份。

　　人是生产力中最活跃最重要的生产要素，创新型企业实行科技骨干持股，就是要激发广大科技人员的创新活力与动力，必须允许科技人员持大股。金炉科技员工持股方案最大程度体现对创新企业员工的激励作用。让科技创新型企业领军人才和骨干员工持股达到较高比例。

　　金炉科技成立时即建立了完善的法人治理结构，根据高科技企业运作特点，实行扁平化管理，采用矩阵式组织结构，业务以研发设计和安装售后服务为主，构建了"两头大，中间小"的哑铃型企业经营模式。

改制后的金炉科技迅速发展，其人工智能可控气氛钟罩炉系列产品发展成为中国软磁行业公认的第一品牌，新开发的锂电池高镍正极材料烧结可控气氛炉 2017 年销售量达到 51 台，国内市场占有率为 10%。金炉科技从成立初始的 30 余人，发展到截至 2018 年年底的 72 人，近三年来公司营收和利润始终保持着高速增长，销售收入 2016 年为 4500 万元，2017 年为 9200 万元，2018 年达到 1.2 亿元，利润总额 2016 年为 600 万元，2017 年为 1600 万元，2018 年为 2015 万元。五矿重组三年，该企业销售规模连续三年以每年 50% 的速度增长。

改制后，金炉科技改革了技术创新的机制和体制，建立起了一套高效、严谨、行之有效的科技创新管理体系，制定了中长期科技发展规划，在内部建立了竞争机制、激励机制、核算考核机制和淘汰机制，以保持科技人员创新意识和危机意识，组建了一支专业涵盖广、业务能力强、高学历、高素质的技术团队。金炉科技还通过改革激励机制，完善薪酬体系，在人才引进、任用、评价等方面持续改革创新，人才队伍不断壮大。科技人员的创新动力更足、创新活力更强、创新效率更高，干事创业热情空前高涨。

双百试点

2018 年 3 月 14 日，国资委发布《关于开展"国企改革双百行动"企业遴选工作的通知》。国务院国有企业改革领导小组办公室决定选取百家中央企业子企业和百家地方国有骨干企业，在 2018—2020 年期间实施"国企改革双百行动"。被纳入名单的企业将明确具体改革目标、改革措施、责任分工等内容，制定工作计划和目标，并履行相应申报、审批程序。

新中国五矿大力推进下属企业混合所有制改革，通过引入外部资本力量优化企业治理结构和管理体系，不断提升企业市场竞争力，推荐五矿发展、中钨高新、中冶赛迪三家企业成为国务院国资委选定的"双百行动"试点企业，制定改革方案，积极打造深化改革的"试验田"和"样板间"。

2018 年 8 月 17 日，国务院国企改革领导小组办公室召开国企改革"双百行动"动员部署视频会，国企改革"双百行动"正式启动。入选"双百行动"的 404 家中央企业子企业和百家地方国有骨干企业，将在 2018—2020 年期间实施"双百行动"，深入推进综合改革，实现"五突破、一加强"，健全法人治理结构、完善市场化经营机制、积极稳妥推进股权多元化和混合所有制改革、健全激励约束机制、解决历史遗留问题要实现突破，同时全面加强党的领导、党的建设。

随后，经中国五矿党组审议，要求五矿发展、中钨高新、中冶赛迪按照集团公司的统一部署，根据"双百行动"工作台账抓紧落实，依据时间节点形成工作成果。

2018 年 10 月 9 日，全国国有企业改革座谈会在京召开，会议要求深入贯彻落实习近平总书记关于国有企业改革的重要思想，准确研判国有企业改革发展的国内外环境新变化，从战略高度认识新时代深化国有企业改革的中心地位，坚持稳中求进工作总基调，按照完善治理、强化激励、突出主业、提高效率的要求，扎实推进国有企业改革。要突出抓好中国特色现代国有企业制度建设，加快形成有效制衡的法人治理结构；突出抓好混合所有制改革，夯实基本经济制度的重要实现形式；突出抓好市场化经营机制，充分调动企业内部各层级干部职工积极性；突出抓好供给侧结构性改革，加快高质量发展步伐；突出抓好改革授权经营体制，推动国有资本投资、运营公司试点取得实效；突出抓好国有资产监管。

在"双百行动"中，中钨高新材料股份有限公司在深化改革促发展中提升效益创一流，获得了长足发展。

中国五矿集团董事长、党组书记唐复平在中钨高新视察

中钨高新材料股份有限公司简称"中钨高新"，是深交所上市的专业从事硬质合金及工具制造的高新技术企业，有着独特的完整产业链竞争优势，拥有从矿山、冶炼、加工、贸易于一体的完整产业链。

中钨高新深入学习贯彻十九大精神，以习近平新时代中国特色社会主义思想为指引，旗帜鲜明地坚持党的领导和加强党的建设，坚定不移深化企业改革，着力创新体制机制，加快建立现代企业制度，大力提升科技创新能力，统筹推进瘦身健体、提质增效工作，充分调动广大干部职工的积极性、主动性、创造性，公司经营业绩稳步提升。

重组伊始，中钨高新按照习近平总书记提出的"党建工作做实了就是生产力，做强了就是竞争力，做细了就是凝聚力"的要求，始终围绕企业中心工作做党建工作，整体推进思想建设、经营管理、安全环保等方面的工作，取得"一子落而满盘活"的效果，筑牢了国有企业的"根"和"魂"。中钨高新管理的企业多为老国有企业，历史包袱重，人员负担重。重组后，中钨高新大力推进三项制度改革，不断消化历史包袱，采取各种措施，大力压缩非生产人员，提升效率。中钨高新还积极探索建立退出机制，使干部能上能下。

中钨高新所属株硬公司是中国第一家硬质合金企业，被称为"我国硬质合金工业的摇篮"，是以硬质合金为主体，集钨钼钽铌冶炼、深度加工配套于一体的大型国有控股企业。

硬质合金号称"工业的牙齿"。长期以来，株硬内部管理体制僵化，干部职工积极性得不到发挥，企业长期亏损，员工收入很低。2016 年底，中钨高新在硬质合金企业稳步推进直接面向市场和用户、直接对盈利负责的产品事业部管理模式，将公司职能部门的一些职能下放至事业部。产品事业部设总经理一人，不设副职，工作责任直接落实到专业部门，解决责任划分不清晰的问题。

中钨高新认真贯彻党中央、国务院的决策部署，落实国务院国资委的工作要求，大力优化业务结构、压缩管理层级、减少法人数量、处置僵尸特困企业、解决历史遗留问题，促进企业轻装上阵，提质增效。

通过一年的内部机制改革实践，2017 年，株硬公司扭转连续十年亏损的局面，实现利润 7000 万元，公司劳动生产率稳步提升，员工收入也大幅度提高。2018 年，株硬公司继续呈现产销两旺的喜人局面：硬质合金产量创历史新高，高附加值的棒材、油齿、柱钉等产品均有大幅增长。

截至 2018 年年底，中钨高新的钨冶炼年生产能力达到 2 万吨，占全国 APT 产能的 10%。硬质合金占国内市场的 25% 以上份额，拥有众多主导优势类产品，其中切削刀具、IT 工具、硬质合金棒材、球齿、轧辊产品、粉末产品等处于国内领先水平，在国际上也有较高的知名度及影响力。公司资产质量持续优化，境外机构遍及美国、德国、法国、韩国等地，产品销往世界 60 多个国家和地区。

同时，中钨高新拥有 4 个国家级科技创新平台和重点实验室，专业技术人员超过 1600 名，累计有效专利超过 1000 件，并保持每年较快增长，成为中国钨产业领域当之无愧的龙头企业和领跑者。

中国五矿株洲硬质合金集团有限公司拥有世界一流的硬质合金生产线

株洲硬质合金集团有限公司的立体仓库

◎全面推动管理变革

为了全面落实党中央、国务院决策部署，进一步实现子企业的市场主体地位，中国五矿以规范决策机制和完善治理机制为重点，坚持激励与约束相结合，体现效率与公平原则，充分调动各级管理者的积极性，提升集团公司子企业的市场化、现代化经营水平，全面推动管理变革，实现制度统一、流程统一、人员统一、文化统一。

明确权责清单

2018 年 4 月，新五矿根据《中国共产党党组工作条例（试行）》《中华人民共和国公司法》《董事会试点中央企业董事会规范运作暂行办法》等法律法规，以及全国国有企业党建工作会议精神、国企改革"1+N"配套文件等，结合《中国五矿集团有限公司章程》（以下简称《公司章程》）及母子公司管理实际，正式发布核心管控事项管理办法，并于 2018 年 12 月修订完善，该办法适用于中国五矿集团有限公司总部及直管单位，各所属企业应根据本办法制定本企业相应的管控事项管理制度。作为附件，《中国五矿集团有限公司核心管控事项清单》（以下简称《清单》）规范了集团公司作为母公司就核心管控事项对各直管单位及所属企业的具体管控方式和权限。

新五矿的核心管控事项及管控方式明确规定：

主管部门 / 机构是指集团公司对某类核心管控事项负有管理职

责的总部各部门、各直属(特设)机构(以下简称"各部门/机构")。

核心管控事项是指集团公司对直管单位及其所属企业进行重点管控的经营管理、党建等具体事项。

集团公司根据各直管单位所处行业特点、公司治理水平、企业经营能力、市场化竞争力等,综合评估后,对各直管单位实施差异化管控及授权。

核心管控事项管理办法及《清单》是中国五矿集团公司对直管单位及所属企业核心管控事项的基础和依据。

四维度人力资源基础管理体系:长远锂科技术人员的收入最高能达到七十万元

新五矿推动整合融合,全力构建集团公司系统、全面、兼容并包的集成"员工层级、职位序列、员工职级、员工薪级"四维度的人力资源基础管理体系,通过统一管理规范,促进各业态干部员工队伍打破身份界限、优化配置、充分交流,实现员工在层级、序列、职级、薪级四个维度上有序成长,持续激发人才活力,促进深度融合,为集团战略目标实现提供充足的人才支持。

四维度体系通过纵向分层,解决干部人才管理、履职待遇等问题;横向分类,解决岗位管理、分类等问题;细化岗位人才体系,解决岗位标准职级确定、人岗匹配、干部职级确定、多体系职级套接问题;完善管理链条,解决薪酬落地、多体系薪酬套接问题。

四维度体系调整了干部序列,制定和修订干部管理重要制度;明确了职位序列,修订职位体系相关管理办法;系统梳理职级,形成《集团党组管理干部职级调整方案》；优化总部薪酬体系，推进集团公司薪酬分配机制变革。

薪酬体系的优化，主要体现在两个方面：

一是开展集团公司总部薪酬体系改革。明确集团公司薪酬策略，在总薪酬不大幅增长的前提下，适度上调基本薪酬，优化固浮比，并明确奖金管理机制，根据岗位价值系数和绩效考核系数合理拉开收入差距，将有限的薪酬资源向优秀人才倾斜，并鼓励员工主动向对集团公司影响程度大、所需专业能力强、市场价值高的高价值岗位流动。根据不同序列、职级以及角色定位体现差异化的激励导向，与价值创造者共享经营成果。

二是指导开展四维度并轨。指导、支持具备实施条件、自愿申请进行薪酬改革的直管企业总部做好薪酬套改工作，按照"一企一策"、属地化的原则指导其落地实施，推进薪酬优化在全集团范围内的落地实施。顺利完成资产管理公司、招采中心两体系干部职级、薪酬、福利套接落地，充分落实两套薪酬体系的整合融合。

为了推动全员考核与薪酬机制变革，使员工薪酬体现出行业对标差异、岗位价值差异、业绩表现差异；为了用好员工持股、上市公司持股计划、科技型企业股权分红权等中长期激励措施，各个企业都做出了相应的调整，对员工积极性的提高起到了极其重大的作用。

在中钨高新株硬公司的硬质合金重点实验室里，科研人员们的薪酬也在薪酬机制的变革中，成为以市场为导向的固定工资＋

课题奖励的薪酬模式。株硬国家重点实验室围绕硬质合金行业发展中急需解决的关键技术问题，在硬质合金材料设计、制造与使用等领域开展基础理论和应用技术研究。硬质合金重点实验室拥有两万平方米的科研用房，装备精良；建立了一支专业结构齐全、年龄组成合理、创新能力强的科研团队，取得了一系列具有重要影响的研究成果，形成了自己的特色与优势。实验室承担包括国家973计划、科技支撑计划、重大科技专项在内的科研课题40余项。研究成果获国家、省、部级以上科技奖励20余项，国家重点新产品5项，拥有发明专利41项，制定国家、行业标准40余项。成果广泛应用于冶金、机械、地质、煤炭、石油、化工、电子及轻纺等领域，为我国基础建设、重大装备、航空航天和国防军工等支柱行业的发展做出了重要贡献。该实验室的科研人员的研发以市场需求为导向，本着科研为企业服务，基于市场需求服务于生产的原则，科研中的收入与产品直接挂钩。产品走入市场就会形成销售收入，科研人员就会有提成。科研人员的提成根据研发产品的销售额进行三年提点，第一年3%，第二年2%，第三年1%，与此同时还可享受利润提点。这使得科研人员对于开发新产品有更大的积极性，也促使他们主动积极地去了解市场，了解同行的产品。

八零后海归博士曾瑞霖，就是科研薪酬改革的受益者。三年前，曾瑞霖在英国攻读完博士后毅然归国，成为株洲硬质合金集团有限公司的一名研发工程师。重组三年来，曾瑞霖亲身见证了重组后株硬的变化，也成为株硬硬质合金重点实验室的中流砥柱。

他带头研发的硬质合金新产品，质量和性能达到国际一流水平。

　　细如发丝的硬质合金产品 PCB 微钻钻咀，随着近些年移动互联网和大数据等产业的快速发展，需求量大增。由于这款产品对材料性能有着近乎苛刻的要求，长期以来，全球 PCB 微钻钻咀材料市场几乎被国外企业垄断，株硬集团出于战略发展需要，在 2017 年开始向这一领域进军，曾瑞霖作为项目组组长，承担了这一重大科研开发工作，终于在 2018 年，经过四次钻孔测试，研发出达到世界水平的 PCB 微钻钻咀。而曾瑞霖的工资，也在这三年中，从最初的 1 万多元的固定月薪，一年十几万元的收入，随着所研发产品的销售额的增加，变成了第二年的十几万元的固定月薪加十几万元的奖金收入，到第三年的十几万元的固定月薪加二十几万元的奖金收入。

　　随着薪酬机制的变革，中钨高新培养了大批的年轻骨干，同时，在工资总额控制的情况下，中钨高新对生产线上的辅助岗位进行了减员，从而有更多的薪酬空间留给高科技人才。中钨高新株硬公司在最近两年减员 500 多人，然而却顺利实现产能增加，人均产值也大幅提升，就连工段长的年薪都从原来的 7 万多元，提高到当下的十几万元。

　　新五矿推行的四维度的人力资源基础管理体系，使得很多企业得到极大发展。长远锂科总经理胡柳泉在科研人员的薪酬机制改革中更为大胆，采取了市场化薪酬，研究生的月薪 12000 元到 15000 元，博士生则为 15000 元到 18000 元，在这个基本薪酬的基础上，再按照项目颁发奖金，极大地鼓励了科研人员从事技术研发的积极性。在长远锂科，技术人员的收入最高能达到 70 万元，大部分技术人员的收入集中在 30 万元到 50 万元，科研人员工作积极性极高。

包容文化

新五矿在重组后，坚持包容的原则，弘扬包容文化。在中国五矿和中国中冶融合的过程中，文化融合是最本质的要求，也是最难实现的目标。在整合融合过程中，新五矿的各个企业相互借鉴、相互尊重，取最大公约数，画最大同心圆，最终融汇形成统一的新中国五矿文化。

实现文化融合，关键是人员团队的融合。人是一切工作的执行者，是一切文化的传播者。没有人员的流动就不可能有真正的管理对接和文化交融。新五矿通过加强人员沟通交流，推动企业在相互理解尊重的基础上取长补短、携手前行。

集团公司是一个整体，所有企业都是新中国五矿的企业，所有人都是新中国五矿的成员。新五矿像浩瀚的大海，用开放的心态、宽广的胸怀去感染和接纳每个愿意加入五矿大家庭的企业，把每个企业当作尊贵的客人一样，高看一眼、厚爱一分。这是五矿人的品质和胸怀，也是国有资本投资公司承担的使命和担当。

对于新五矿的包容文化，湖南有色总经理赵志顺颇有感触，他一个土生土长的北方人，只身一人来到湖南，一开始并不是特别适应，他听说湖南人"鬼"得很，是上级领导的支持、家人的支持，是多年来对有色企业的情怀，才让他鼓起信心，来到湖南。

　　然而这两年，他经历了湖南有色的凤凰涅槃，累并充实着，从如履薄冰到壮士断腕，从义无反顾到心有温暖。每天，忙碌地工作，面对这样那样看似无法解决的问题，他难免感到头疼，可他看到有色人每天没日没夜扑在工作上，看到有色人为了湖南有色和家人分隔两地，还看到有色人绞尽脑汁为企业献计献策。太多太多热血澎湃、满心忠诚的有色人，他们坦诚热情、脚踏实地，每天面对这些可以穿着运动鞋和花哨一点的外套上班的新下属，他感到了前所未有的自然和开放。还有那些细心到为他准备好纸巾、湿巾纸、牙签，为他收拾干净房间的湖南有色的老员工，都让他感到了家的温暖。于是，他被湖南有色感动，他充分感受到了包容文化的温暖，信心越来越足，对湖南有色的感情也越来越浓烈，渐渐地爱上了这个"家"，立志要带着湖南有色，打一场硬仗，打一场翻身仗。

　　新五矿的包容文化，已经成为企业发展的巨大动力，各家企业在和谐包容的文化氛围中，感受到澎湃的激情和无限的忠诚，这就是五矿信心，这就是五矿力量。

◎实行创新驱动，大力升级发展动能

　　2018 年 5 月 28 日，中国科学院第十九次院士大会、中国工程院第十四次院士大会在北京举行。习近平总书记站在党和国家事业发展的战略全局，高度概括了党的十八大以来我国科技事业的历史性变革与成就，准确把握科技创新与发展大势，深刻分析我国科技发展面临的形势与任务，对实现建设世界科技强国的目标作出了重点部署，并提出"科学技术从来没有像今天这样深刻影响着国家前途命运，从来没有像今天这样深刻影响着人民生活福祉，中国要强盛、要复兴，就一定要大力发展科学技术，努力成为世界主要科学中心和创新高地"。

习近平总书记还提出，"自力更生是中华民族自立于世界民族之林的奋斗基点，自主创新是我们攀登世界科技高峰的必由之路，创新从来都是九死一生，但我们必须有'亦余心之所善兮，虽九死其犹未悔'的豪情""实践反复告诉我们，关键核心技术是要不来、买不来、讨不来的""在关键领域、卡脖子的地方下大功夫""创新决胜未来，改革关乎国运。"

创新决定未来。谋创新就是谋发展。新五矿坚定不移实施创新驱动发展战略，大力升级发展动能。

科技成果"硕果累累"

新中国五矿科技实力雄厚，在中央企业中具有领先优势和较强的竞争力，37个国家级重点实验室和科技平台是新中国五矿科技实力的充分展示和体现。

重组后，新中国五矿不仅打通了从资源获取、设计施工、开发运营、冶炼加工到流通服务的全产业链通道，也打通了从技术研发、工程设计、工程转化到应用推广的技术创新链通道。科技实力大幅跃升，行业影响力显著增强，平台建设、科研成果、专利数量、人才队伍等各项指标均名列中央企业前茅，科技管理与科技创新整体水平进入了中央企业"第一梯队"。

在平台建设方面，新五矿建有国家各类科技平台 37 个，包括国家重点实验室 4 个，国家工程实验室 2 个，国家工程中心 8 个，国家认定企业技术中心 16 个，国际科技合作基地 1 个，国家级检测鉴定平台 3 个，行业服务平台 3 个；建有 39 个省部级科技平台；发起 2 个、参与 15 个技术创新联盟。在金属矿采矿、选矿、有色冶金、冶金建设、硬质合金材料、硅基材料和动力电池材料等专业领域具有雄厚的技术研发实力。

截至 2018 年底，新五矿拥有有效专利超 2.7 万件，其中有效发明专利 7740 件；累计主持和参与制定国际标准 46 项、国家标准 1145 项、行业标准 1191 项；累计拥有软件著作权上千件，均为第一著作权人。集团公司有效发明专利成果转化率达到 65% 以上。

重组三年来，新五矿获得多项科技奖励，成果丰硕。2018 年度，新五矿荣获 3 项国家科技奖，其中科学技术进步奖一等奖 1 项（中冶集团所属中冶焦耐为第一完成单位）、科学技术进步奖二等奖 2 项；新五矿申报了 30 余项中国专利奖，其中中冶集团所属中冶长天参加了中国专利金奖答辩；新五矿获得 16 项中国有色金属工业科学技术奖，其中一等奖 7 项、二等奖 5 项、三等奖 4 项；集团公司获得 18 项冶金科学技术奖，其中一等奖 7 项（占冶金科技奖一等奖数量近半数）、二等奖 5 项、三等奖 6 项。

新五矿拥有科技活动人员 2.5 万名，其中研发人员 8300 名，国家级专家人才有中国工程院院士 2 名、国家勘察设计大师 13 人、国家百千万人才工程计划专家 8 人、有突出贡献中青年专家 6 人，国家万人计划专家 1 人。

这些成绩充分说明，不管在中央企业，还是在金属矿产相关领域，新中国五矿的科技实力都拥有了绝对的领先优势和竞争力，成为支撑新五矿引领国内产业、参与国际顶尖水平竞争的基石。尤其是 37 个国家级重点实验室和科技平台，是集团公司内部集技术、人才、成果转化为一体的科技高地，代表了新五矿在国家层面的最高水平，成为新中国五矿参与国际竞争最强有力的敲门砖。

中国五矿集团总经理国文清在国家级重点实验室和科技平台建设专题工作会上指出，五矿要以国家级重点实验室和科技平台建设为抓手，更加注重实体经济、更加注重科技领先、更加注重企业价值含金量和核心竞争力，全面推进集团公司整体科技创新，大力推动新中国五矿提质增效、结构优化、转型升级。

重组后的新中国五矿转变以往资金换市场、并购扩规模的外延式发展方式，提升企业的核心竞争力，向以技术创新、产品升级的内涵式发展方式转变，通过科技创新拓展发展新空间、再造发展新优势、提供发展新引擎。

新五矿聚焦钨、稀土等下游材料精深加工领域，加强技术研发，积极探索通过并购重组方式，迅速补齐短板，提升层次，进入世界第一阵营。借助科技创新成果，推动传统产业改造升级。在数字化、智能化、绿色化已经成为全球工业转型发展的主要趋势后，新五矿的数字矿山、智能工厂、绿色建筑正在从构想变为现实。新五矿将大数据技术、信息化技术、人工智能技术、3D 打印技术、纳米技术与冶金工程建设有效结合起来，推动冶金工程建设向高精尖领域转型升级。新五矿在智能制造、节能环保、资源循环利用等领域，以问题为导向，着力解决一批关系企业提质增效的核心问题，推动矿山和冶炼企业降低生产成本、减少资源消耗和污染物排放，提升企业市场竞争力和生存能力，打造"中国第一、世界一流"的新五矿。

习近平总书记提出，"要围绕'一带一路'建设、长江经济带发展、京津冀协同发展等重大规划，尊重科技创新的区域集聚规律，因地制宜探索差异化的创新发展路径，加快打造具有全球影响力的科技创新中心，建设若干具有强大带动力的创新型城市和区域创新中心。"

新五矿按照国家规划部署，遵循科技发展相关规律，优化国家级平台布局。重点在京津冀、长三角、珠三角和"一带一路"沿线等地区，有条件地迁移一批、分设一批、组合一批科技平台，加强科技对产业的辐射和支撑作用。通过培育新业态、新模式，发展特色产业集群，带动区域经济转型，形成创新经济集聚发展新格局。

"五矿上上下下的一个共识，就是落实中央五大发展理念，实现创新驱动。唐复平董事长指出，打造具有全球竞争力的世界一流企业，推动集团公司朝着高质量发展方向前进。国文清总经理要求，要用技术创新开拓市场，以技术的高含金量换取市场的深度广度。"重组三年，新五矿的科技成果显著，集团科技部技术发展处处长廖波对此深有体会，"要向世界一流迈进，必须高质量发展。高质量发展必须创新驱动，创新驱动必须有核心关键技术，形成核心竞争力。我认为这是关键。"

　　2015 年，五矿和中冶重组之前，老五矿出现了前所未有的严重亏损，业务单位合同额少，科技单位项目也就较少，科技人员满意度普遍下降，人心低迷。重组后，经过一段时期的磨合，新五矿展现出新的活力，科技人员越来越忙，加班加点成了常事。

　　"集团领导对科技创新非常重视，有谋略、有布局、敢担当。作为一名科技工作管理者，我的工作热情被深度激发。"廖波说，"目前，集团公司正在梳理 10 大技术、20 大定型产品，整合资源，攻关核心关键技术，通过绿色化、智能化改造传统矿业和冶金产业，深化拓展新能源材料等新兴产业，中国五矿的发展前景可期。"

　　重组后，中国五矿集团公司还加大了中国金属矿业经济研究院（以下简称"经研院"）的管理力度，经研院是中国五矿总部管理变革的重要成果之一，作为中国五矿的专业研究机构，负责中国五矿经济领域的研究工作以及研究资源的优化配置。经研院以成为一流的金属矿产研究咨询机构为愿景，致力于成为服务中国五矿战略发展的"智库"和"信息数据共享中心"。重点从事信息情报搜集与共享、重点商品研究、集团公司专项课题研究，同时根据内部需求，与集团公司各专业委员会、各职能部门及业务单位工作衔接配合，将研究成果应用于中国五矿战略发展、经营、投资决策及内部培训等领域。

　　当下的中国五矿集团，已经将多个项目纳入"固废资源化""深地资源勘查开采""绿色建筑及建筑工业化""场地土壤污染成因与治理技术"等 9 个国家重点专项指南，成功获得"盐湖资源开采与综合利用关键技术研究与示范""铜铅锌综合冶炼基地多源固废协同利用集成示范"等国家项目，充分展现了集团公司雄厚的科研实力和创新担当。

同时新五矿布局"工业大数据及智能矿业、新材料、生态环境与循环利用"重点支持方向，支撑复杂难采钨、Dugald River锌铅银多金属矿、盐湖锂、深海矿产等资源战略开发目标的实现；提升深部铁矿资源规模化开采、柿竹园伴生资源高效提取、锡矿山资源高效回收等运营效率及经济效益；打造硬质合金、新能源多元前驱体制备技术等核心竞争力。

国务院国资委对集团公司经营业绩考核结果显示，"集团公司科技创新成效显著"。

深海矿产资源开发项目：向海洋进军

2018年4月12日，习近平在海南考察时指出："我国是一个海洋大国，海域面积十分辽阔。一定要向海洋进军，加快建设海洋强国。"

仅仅两个月后——2018年6月12日，习近平总书记在青岛海洋科学与技术试点国家实验室考察时强调："发展海洋经济、海洋科研是推动我们强国战略很重要的一个方面，一定要抓好。关键的技术要靠我们自主来研发，海洋经济的发展前途无量""海洋经济、海洋科技将来是一个重要主攻方向，从陆域到海域都有我们未知的领域，有很大的潜力。"

国家战略就是方向。重组三年来，拥有相当技术储备的新中国五矿积极践行海洋强国战略，大力发展深海矿产资源开发项目。

"鲲龙500": 海底"走"出"中国星"

浩瀚的海洋，蕴藏着取之不尽、用之不竭的宝藏。静谧深邃的国际海底区域，蕴藏着多金属结核、富钴结壳、海底热液硫化物等丰富的矿物资源。随着近年来深海矿产资源技术装备研发及商业化开发的日趋成熟，这里吸引着世界大国越来越多的目光。

在深海资源勘探方面，中国五矿是中国首家获得国际海底矿区勘探合同的企业。

中国五矿有三十余年的海洋采矿、选冶技术研究的历史，是我国"九五"至"十一五"海洋采矿中试采矿系统总设计师单位，以及"十三五"国家重点研发计划"深海多金属结核采矿试验工程"的工程总师单位，先后牵头承担并完成国家863计划项目、973计划项目、国家大洋"十二五"重大项目和国家自然科学基金重点项目等涉及深海矿产资源勘探开发利用的国家纵向课题80余项，获专利60余项。中国五矿还是中国大洋矿产资源研究开发协会理事单位，五矿所属企业长沙矿冶院、长沙矿山院，在国内最早从事深海多金属结核开采技术和加工利用技术研究。

2018年，新五矿组织完成集团公司国际海底合同矿区2018年度航次勘探工作，不断突破海底自主行驶、矿物水力采集、矿石物料提升、海底综合导航定位等深海采矿核心关键技术。

2018年6月15日凌晨5点，南海某海域，海况4级，浪高2米，"张謇号"海洋科考船抵达预定位置。随着一声指令"开始试验"，重达9.5吨的"鲲龙500"海底集矿车被缓缓放下……

海底作业5小时，满载模拟锰结核而归……长沙矿冶院牵头研制的多金属结核海底集矿车在南海514米水深海域成功完成我国首次采矿海试，按照预设的五角星轨迹行走，"鲲龙500"在海底的行走轨迹绘出了一颗"中国星"，创造了新的历史纪录。

2018年9月，长沙矿冶院牵头研制的世界首台自主行走式富钴结壳规模取样机，在位于西太平洋的我国富钴结壳合同区圆满完成了2000米级水深规模取样试验任务。

两次海试的成功，为推进深海矿产资源商业化开发奠定了坚实的技术和工程基础。

在新五矿的四梁八柱中，矿产资源是五矿集团的重要支柱，深海资源勘探的开展，在重组后的三年中，切合了中国五矿的整体发展战略和优先发展矿业的发展规划。

国内第一家获得国际海底矿区专属勘探权和优先开采权的企业

长沙矿冶研究院有限责任公司是中国五矿集团有限公司的直管科研单位，拥有国家金属矿产资源综合利用工程技术研究中心、深海矿产资源开发利用技术国家重点实验室等国家及省部级研发平台10多个。作为国家金属资源开发利用重大创新基地，长沙矿冶院自建院以来一直是国家金属矿产资源开发利用科技计划项目的主要承担单位，取得国家及省部级科技成果1200余项，为行业技术进步做出了突出贡献。践行国家海洋战略三十年，先后成功开展我国首次深海输运试验和海底采矿试验，掌握了深海矿产资源开发利用核心技术，跻身国际先进行列。

长沙矿冶院作为中央企业电动车产业联盟成员单位，专业从事新能源材料研究开发三十年，形成了完整的"基础研究—技术开发—中试孵化—产业转化—龙头示范"创新创业链，以"一院二园一基地一基金"（长沙新能源材料工业技术研究院、中国五矿麓山科技创新园、中国五矿麓谷科技产业园、中国五矿国家新能源材料产业基地、新能源材料双创基金）为建设内容，与长沙市人民政府共建"中国五矿新能源材料双创示范基地"，聚集全球高端人才和领军人物，吸引国内外创业创新企业，打造全球最重要的新能源材料科技协同创新平台。

什么是深海？什么是深海矿产资源开发？

深海包括全部国际海底区域、绝大部分公海和部分国家管辖海域。深海矿产资源开发的主要舞台，是指国家管辖范围以外的海床、洋底及底土。深海蕴藏着丰富的战略金属，多金属结核、富钴结壳、海底热液硫化物中锰、镍、铜、钴等含量是陆地的数十到数百倍。深海战略正成为各海洋强国强化军事存在和军事控制的战略制高点。深海国际规则的塑造进程必将直接左右未来海洋秩序的走向。

"十二五"以来，国家日益重视深海采矿技术发展。国家科技部和国家海洋局先后设立重点项目，加大深海采矿技术开发支持力度。2011年以来，中国五矿着眼于国家海洋资源战略，精心谋划争取国际深海矿产资源勘探权，并先期开展大量与国际海管局的谈判沟通等相关工作。2014年，经国务院批准，中国五矿正式向国际海管局提出申请，于2015年通过矿区申请答辩和核准。

2017 年 5 月，与国际海管局签订《多金属结核勘探合同》，成为国内第一家获得国际海底矿区专属勘探权和优先开采权的企业，合同区的锰、铜、钴、镍金属储量非常丰富，经济价值极大。承担了科技部"863"计划项目"深海多金属结核和富钴结壳采掘与输运关键技术及装备"，国家大洋专项"面向海试的多金属结核集矿系统研制与集成"、"多金属结核集矿系统 500 米海上试验"和"富钴结壳规模取样技术研究及装置研制"。

2001 年，中国五矿成功实施 135 米水深部分采矿系统湖试。由中国大洋协会立项并组织，中国五矿长沙矿山院和长沙矿冶院联合研制了多金属结核开采原理样机，在云南抚仙湖成功完成 135 米水深的部分采矿系统 + 湖上试验，验证了我国确定的大洋多金属结核采矿系统的技术可行性。

2016 年 6 月，中国五矿长沙矿冶院成功完成 300 米水深扬矿泵管输送系统海试。长沙矿冶院研制的扬矿泵管输送系统，搭载在"长和海洋"号综合试验船成功完成 300 米水深海上试验，是我国首次开展深海采矿单体工程技术的海试，标志着我国的海洋采矿技术由陆基转向海洋的工程实践。

2016 年 11 月，中国五矿完成富钴结壳现场采掘试验。长沙矿山院研制成功的深海富钴结壳采矿头，随中国"海洋六号"科考船在西太平洋富钴结壳合同区成功开展了国际上首次采掘试验。

近 4 年来，中国五矿长沙矿冶院先后承担国家大洋专项"面向海试的多金属结核集矿系统研制与集成"和"多金属结核集矿系统 500 米海上试验"，研制出具备水下自主采集行走能力的多金属结核海底集矿系统，2018 年 5 月至 6 月，分别在中国东海和南海成功进行了 74 米、514 米水深海上试验。

2018 年 9 月，长沙矿冶院又牵头研制世界首台自主行走式富钴结壳规模取样机，在位于西太平洋的我国富钴结壳合同区圆满完成了 2000 米级水深规模取样试验任务。

2018 年 9 月 26 日，由中国五矿长沙矿冶研究院负责实施的国家大洋专项"面向海试的多金属结核集矿系统研制与集成"及"多金属结核集矿系统 500 米海上试验"两个课题通过以中国工程院院士钟掘为组长的专家组验收，评定分数分别为 96.2 和 96.4，出色地完成了任务。

新五矿集团在深海矿产资源开发中最为关键的海底采集和水下长距离输送两大技术的突破，在国内深海采矿技术中占据领先地位，为履行我国多金属结核勘探合同、发展深海采矿技术与装备提供了技术支撑。

多金属结核集矿系统 500 米海上试验

2018 年 6 月，中国五矿长沙矿冶院、长沙矿山院在南海成功地完成了中国首次国产集矿作业车 500 米级水深的海上集矿作业行走。此次"多金属结核集矿系统 500 米海上试验"从 2018 年 5 月 1 日至 6 月 18 日，历时 49 天。"鲲龙 500"海底集矿车分别搭载"长和海洋"和"张謇"号试验船，先后在中国东海和南海完成两阶段海上试验。今天，"鲲龙 500"就站在长沙矿冶院海洋所的试验区域。

中国五矿所属长沙矿冶研究院有限责任公司海洋集矿
作业车——"鲲龙500"

海底集矿作业车布放图

在海试中，"鲲龙500"共下水11次，最大作业水深514米，在海底按规划的采集路径，实现了自动行驶模式下的智能采矿作业，在中国南海走出一个单边长度为120米的"中国星"，实现海底连续无故障行驶距离2881米、采矿量达到每小时10吨，突破了海底稀软底质上行驶、海底矿物水力自适应采集、海底综合导航定位及智能控制等多项关键技术，拥有完全自主知识产权。

这是继2001年完成130米水深早期集矿车湖试17年后，我国首次完成集矿系统海试，是我国深海采矿技术发展历史上新的里程碑，标志着我国深海采矿技术步入国际先进行列。

课题从立项到完成得到中国大洋协会的大力支持、中国五矿和长沙矿冶研究院的高度重视，举全院之力保障课题执行。长沙矿冶院人员承担了海试总指挥、现场总指挥、试验指挥、布放回收指挥、安全总监等关键岗位及试验操作岗位。这一项目培养出我国第一支成建制的具备一定海底采矿技术研发能力且能科学决策、安全高效组织实施海洋工程的团队，特别是海试临时党支部发挥了核心领导作用。

海底采矿试验的成功，标志我国深海采矿由三十多年的陆基试验全面转入海上试验，为未来深海矿产资源商业化开发，保障我国金属矿产资源安全奠定了坚实的技术和工程基础。

中国五矿荣获3项国家科技奖

重组三年，新五矿硕果累累，2018年度，集团公司荣获3项国家科技奖，其中包括科学技术进步奖一等奖一项，获得此项奖项——"清洁高效炼焦技术与装备的开发及应用"的第一完成单位为中冶集团所属中冶焦耐工程技术有限公司。

2018 年 8 月 23 日，中冶焦耐组织申报的"清洁高效炼焦技术与装备的开发及应用"研发项目，顺利通过了国家科学技术奖评审委员会评审，实现了五矿中冶集团"国家科技进步一等奖"零的突破。

早在 2004 年，中冶焦耐便已意识到清洁高效炼焦技术与国家经济发展战略和产业政策高度契合，对解决中国焦化行业环保与资源困境、推动钢铁工业转型升级和实现高端技术自主化、推动企业持久发展的重要意义。为此，中冶焦耐专门成立了项目研发专家组和研发团队，在老一辈专家多年积淀的基础上，全力组织科研攻关。

2006 年，以鞍钢营口鲅鱼圈项目为契机，中冶焦耐迅速推出当时国内最大的拥有自主知识产权的第一代 7 米焦炉技术，实现了焦化行业技术平台的全面升级，由此，中国清洁高效炼焦技术的进步迈出了坚实的一步。

2008 年，中冶焦耐携手北京科技大学、鞍钢集团，成功申请了国家"863 计划"资源环境技术领域重点项目。这个由中冶焦耐牵头组建的"产学研"一体的技术创新团队，针对实现清洁高效炼焦面临的世界性重大技术难题，历经长期持续努力不断改进，进一步研发出了多段燃烧与废气循环相结合的组合燃烧技术，开发了降低优质炼焦煤资源消耗和能源消耗相协同的新一代绿色系列炼焦技术，并形成了清洁高效炼焦技术体系和技术规范，在清洁型超大容积焦炉技术与装备领域取得了重大科技创新，并于 2013 年顺利通过国家科技部组织的成果验收。

凭借该项目成果，中冶焦耐不仅在国内高端焦化建设市场居于绝对领先地位，大型焦炉市场占有率达 96%，而且凭借技术和服务优势，以品牌产品逐步扩大海外市场份额，先后承揽了巴西、伊朗、南非、日本、印度、土耳其、越南、马来西亚等焦化项目，海外新建大型焦炉市场占有率达 60%。

该成果的应用为中冶焦耐带来良好经济效益的同时，提高了全行业大型焦炉占比和产业集中度，对国家在节约资源与减少污染前提下的经济发展意义重大，有力地助推了钢铁工业供给侧结构性改革和"一带一路"战略的实施，也为中国焦化的"走出去"贡献了巨大力量。

中国五矿和中冶集团重组后，中冶焦耐焕发了更大的活力，更具创新动力。

2018 年，中冶焦耐"清洁高效炼焦技术与装备的开发及应用"研发项目获得中国冶金科学技术唯一特等奖，科学技术进步奖一等奖。这一成果是中冶焦耐持续深入贯彻落实集团打造"冶金建设国家队、基本建设主力军、新兴产业领跑者，长期坚持走高技术建设之路"战略新定位的具体体现，也是集团始终"以独占鳌头的核心技术、无可替代的冶金全产业链整合优势、持续不断的革新创新能力，承担引领中国冶金向更高水平发展国家责任"的重要标志。

环保产业

党的十八大以来，习近平总书记关于社会主义生态文明建设的一系列重要论述，立意高远，内涵丰富，思想深刻，对于央企深刻认识生态文明建设的重大意义，坚持和贯彻新发展理念，正确处理好经济发展同生态环境保护的关系，坚定不移走生产发展、生活富裕、生态良好的文明发展道路，加快建设资源节约型、环境友好型社会，推动形成绿色发展方式和生活方式，推进美丽中国建设，实现中华民族永续发展，夺取全面建成小康社会决胜阶段的伟大胜利，实现"两个一百年"奋斗目标、实现中华民族伟大复兴的中国梦，具有十分重要的指导意义。

在节能环保领域有相当积淀的新五矿，深入学习贯彻习近平生态文明思想，全面推进环保产业发展。

以生态文明思想引领生态环保工作全局

随着我国经济社会发展不断深入，生态文明建设地位和作用日益凸显。

党的十八大把生态文明建设纳入中国特色社会主义事业总体布局，有利于把生态文明建设融入经济建设、政治建设、文化建设、社会建设各方面和全过程。

十九大报告指出，建设生态文明是中华民族永续发展的千年大计。必须树立和践行绿水青山就是金山银山的理念，坚持节约资源和保护环境的基本国策，像对待生命一样对待生态环境。

新五矿根据"绿水青山就是金山银山"的精神，承担好中央企业应有的责任。

新五矿党组召开专题学习会，深入学习贯彻习近平生态文明思想，认真落实全国生态环境保护大会精神，审定了集团公司贯彻落实习近平生态文明思想的基本思路和行动方针；提出了集团公司打好污染防治攻坚战，建设美丽五矿的时间表；明确了建设生态环保管控体系、产业体系、责任体系、治理体系和安全体系"五大体系"的路线图。

新五矿节能环保工作亮点纷呈：积极推进绿色标准体系建设，引领行业绿色发展，获得国资委通报表扬；统筹安排、高效组织，首次荣获国家级环保大奖。安全生产责任体系更加健全，有效杜绝重大生产安全事故；以事故问责倒逼安全生产管理提升，落实安全环保目标责任状，完善考核评价指标体系。

新五矿落实事故责任人问责制，严格执行生产安全事故统计，集团公司安全环保部配合生产经营，着力做好"两会"、年中生产旺季、年底"大干一百天、确保两翻番"安全环保保障工作。全面部署贯穿全年的节能环保风险防控专项行动，环境污染风险问题整改全面实施，污染防治攻坚战成果丰硕。

新五矿狠抓新能源新材料项目安全保障，强化铜铅锌基地、五矿盐湖一里坪项目等重大投资项目安全专项检查，督促各参建单位在确保安全的前提下完成建设任务。集团公司安全环保部督促指导安徽开发矿业、香炉山钨业2家国家级试点单位开展危险源辨识、风险评价、风险定级，完善风险管控措施，绘制风险等级分布图，实施安全风险公告警示。

新五矿的双重预防机制建设得到上级主管部门高度认可，并在国家应急管理部专题研修班上介绍了双重预防机制建设工作经验。

新五矿深入推进智慧矿山建设，"机械化换人、自动化减人"工作取得新成果。五矿矿业主力矿山全面完成非阻燃电缆更换。北洺河铁矿井下变电所、水泵房实现了无人值守，锡矿山闪星锑业进行了智能化选矿技术改造。多个建筑施工项目进行了智慧工地平台建设，建筑施工项目安全生产信息化建设成效明显。

新五矿通过用能结构不断优化、用能管理更加精细、用能效率显著提升，助力降本增效取得切实成果。黑色矿业全面淘汰燃煤锅炉，北洺河铁矿年节约能源费用达 328 万元。有色行业根据生产负荷量体裁衣，系统节能成效明显；鲁中矿业坚持能耗双控，深挖节能潜力，每年减少能源消耗约 1100 吨标煤，节约用能成本约 470 万元。

新五矿通过业务协同，环保产业机制日趋成熟，充分发挥资源配置与协调的作用，成功搭建内部合作平台，推动节能环保业务供需两端的信息共享、资源共用、区域统筹。初步形成交流互访机制，打通环保产业协同板块的沟通渠道，业务协同成果初步凸显。鲁中矿业、株冶集团分别与中冶南方都市环保公司签署了战略合作协议，将在固废处理、矿山修复、工业污水处理等领域开展业务协同。

新五矿还优化升级集团公司安全生产委员会和生态环境保护领导小组，全面领导新时代集团公司安全环保工作。高标准组织开展安全环保领导力培训，请国家应急管理部、国资委等主管部门领导进行了专题授课，安全环保领导力建设取得实效。

新五矿坚持用习近平生态文明思想引领和打好污染防治攻坚战。将"三全"理念全面融入集团公司新的四梁八柱业务体系中，着力推进企业全生产流程、全生命周期、全产业链绿色发展，持续落实大气、水、土壤污染防治攻坚战各项任务，坚持源头减排和末端治理并举，积极推进矿山和冶炼行业按期实施特别排放限值，进一步强化固体废物监管和土壤污染风险防治。

打好污染防治攻坚战

在集团公司的领导下，新五矿各级企业全力打好污染防治攻坚战。

在株冶关停清水塘生产线的过程中，在铜铅锌基地的建设过程中，株冶主动积极履行社会责任，逐步推进环境专项治理，进行废水零排放、挥发窑脱硫等十多项重点环境治理项目，实现了废渣、废气全部达标减量排放，废水基本实现零排放。铜铅锌产业基地项目通过一系列技术创新，如工艺流程优化再造、设备大型化、智锌工程建设等实现了"绿色工程、智慧工程、技术升级工程"，投产后不仅将给五矿带来产业升级和经济技术提升，企业的经济性更好，同时也将创造良好的社会环境效益。

在建设铜铅锌产业基地的过程中，最初提出废水零排放的设计思路时，遭到了施工方的反对。废水零排放意味着在生产过程中产生的废水，以及生产场地内的雨水，经过处理后达到回用标准，不向水体排放，实现闭路循环使用，即为零排放。

为实现污水零排放，株冶技术部经理王宏志连自己的婚礼都只能"临时客串"，晨会一结束，就迅速回宿舍换了西装赶往酒店，而婚礼仪式一结束他就返回基地，争分夺秒力争打赢污水零排放这场硬仗。王宏志的妻子是第四代株冶人，对丈夫的工作全力支持，她对丈夫说："有株冶这个大家庭，才有我们幸福的小家庭。"正是一个个这样拼力奋进的株冶人，正是这样一个个热血忠诚的五矿人，才最终实现了基地按期完成建设，按期投产达产，并顺利实现污水零排放。

在全国的铅锌行业中，铜铅锌基地是第一个实现废水零排放的项目，这使得新株冶成为中国第一的绿色环保标杆企业，并向世界第一迈进。

2018 年，水口山公司自筹资金一个多亿，启动矿山技术升级改造项目，对铅冶炼系统进行环保改造，引进尾矿抛废项目、膏体充填项目，实施废水回用项目，进一步优化矿山环保状态，减少对周边生态的影响，打造绿色矿山。同时开展废水处理药剂研发，在实现废水达标的同时，降低环保成本，树立环保治理新标杆，夯实绿色发展根基，形成了绿色铅业、效益铅业的发展势头。

中钨高新下属企业株钻，主要污染物为污水，包括生产污水和生活污水。株钻主动承担社会责任，污水处理采用外包形式，要求外包方达到国家一级排放标准，并上马了严格的监控系统，随时监控外包方的污水处理情况。随着生产规模的扩大，废水排放的增多，株钻 2016 年和 2017 年各投入 200 多万元，扩大污水处理能力，提高监控力度。

湖南有色下属有色投资衡氟公司重组前为环保不合格企业，重组后整章建制，规范管理，积极处理环保不达标的老大难问题，摘掉了环保不合格企业的帽子，重新被湖南省环保厅评为环境信用合格单位，终于从濒临死亡的边缘走了回来。

创新驱动，决胜未来

党的十八大作出了实施创新驱动发展战略的重大部署，提出要坚持走中国特色自主创新道路，以全球视野谋划和推动创新。

党中央、国务院 2016 年 5 月颁布的《国家创新驱动发展战略纲要》明确提出，到 2020 年我国要进入创新型国家行列，到 2030 年进入创新型国家前列，到 2050 年成为世界科技创新强国。

新中国五矿作为国内唯一的金属矿产领域国有资本投资公司，是中国金属矿产及多个相关领域的国家队，是国家科技创新的骨干和中坚，很大程度上代表着国家的创新能力和创新水平，在建设创新型国家中地位重要、作用关键。

中国五矿集团董事长唐复平指出：打造具有全球竞争力的世界一流企业，推动集团公司朝着高质量发展方向前进。

中国五矿集团总经理国文清要求：要用技术创新开拓市场，以技术的高含金量换取市场的深度广度。要向世界一流迈进，必须不断提高质量。高质量发展又必须以创新驱动为基础，创新驱动又要依赖核心关键技术，拥有核心关键技术，才有核心竞争力。

创新驱动方面，新五矿的各个科研院所走在了前列，起到了极大的推进作用。

中国恩菲：那些仰望星空的高级专家、副总工级别的员工也需要按照任务清单考核

"我们最近三年工程服务方面的合同，2017 年是 120 亿，2018 年 130 亿，2019 年肯定会达到 150 亿。"见到中国恩菲工程技术有限公司董事长陆志方，他掐指说了几个数字，话语中透着自豪，"恩菲的合同全部都是真实有效的。"

中国恩菲工程技术有限公司是原中国有色工程设计研究总院，简称"中国恩菲"，成立于 1953 年，是中华人民共和国成立后为恢复和发展我国有色金属工业而设立的第一家专业设计机构，现为世界 500 强企业中国五矿所属中冶集团的子企业，拥有有色行业唯一的全行业工程设计综合甲级资质，咨询、环评、安评、监理甲级，是有色行业唯一一家承担国家发展改革委咨询评估任务的工程咨询机构，获得工信部首批工业节能与绿色发展评估中心，获批应急管理部首批国家平台——"金属矿山及有色冶金安全技术创新中心"，建立了国家唯一的"中国矿业信息化协同创新中心"。公司为行业提供投资决策、经济咨询、规划设计、核心装备供应、工程建设和运营服务的全产业链服务。

2018 年 12 月 9 日，中国恩菲工程技术有限公司瑞木镍钴管理（中冶）有限公司"巴布亚新几内亚瑞木镍钴项目"荣获第五届中国工业大奖表彰奖。

中国恩菲工程技术有限公司董事长陆志方坚持"一天也不耽

中国五矿旗下中国恩菲工程技术有限公司

误，一天也不懈怠"的精神，秉承"珍惜有限，创造无限"的发展理念，提出"战略引领，文化导向，领导有方，干部作为，员工努力"的方针，带领中国恩菲在工程一体化、新能源产业、资源开发等方面开拓市场，在重组后三年中，中国恩菲的旗帜飘扬在新五矿各个项目的建设工地上。

中国恩菲经过60多年发展历程，在世界30多个国家和地区建设了1.2万个工程项目，拥有科学研究、工程服务与产业投资三大业务领域，深耕非煤矿山、有色冶金、水务资源、能源环境、新高材料、市政文旅、城市矿产、智能装备、房产经营九个业务单元。

中国恩菲致力于打造中国有色中央研究院，拥有包括中国工程院院士和诸多国家级、行业级设计大师在内的高素质人才团队，拥有多晶硅材料制备技术国家工程实验室、金属矿山安全技术国家重点实验室、恩菲技术研究院、院士专家工作站、2个博士后科研工作站和22个行业技术研发中心，造就了一大批具有高市场价值的技术创新成果，获得了国家级、省部级奖项900余项，取得了千余项授权专利，其中发明专利占比超过50%。

中国五矿与中冶集团的战略重组，使以中国恩菲为代表的技术型子企业，在更高层次的国际化经营平台上，以高端智力服务体系为基础，以全产业链业务为支撑，以卓越的技术创新为驱动，进一步融入全球金属与矿业市场，成为国家资源安全的保障者、产业升级的创新者、流通转型的驱动者。

在此过程中，中国恩菲也逐步明确自身定位，一方面努力承担好自身的"三智"角色：成为五矿决策智囊，做成技术智库，提供智慧服务。另一方面，以2018年底启动的"两院融合"为契机，加速打造中国有色中央研究院。

三年前，中国恩菲以工程一体化、多晶硅、光伏发电、垃圾焚烧发电、资源开发为主营业务，伴随市场的变化，部分业务显现出发展乏力或市场严峻的迹象。以新中国五矿战略重组为契机，恩菲着力借力新中国五矿业务协同发展重大机遇，主动融入对接，融入内部千亿市场，在三年里实现了重大发展转变和管理提升，形成了新的业务领域和战略定位，为高技术高质量发展奠定基础。

正是因为及时、正确的转型，使得中国恩菲这几年的发展成果和行业企业相比，在营业收入、利润、技术实力、人力资源等方面多年来都保持前列。目前公司营业收入、利润和高级工程师以上人才稳居行业第一，经营体量几乎是行业其他有色设计单位的总和。

"企业业务增幅这么迅速！到了2017年底，大家的精气神儿也上来了，但是我们对员工的要求也更高了。"陆志方说，"包括过去那些仰望星空的高级专家、副总工级别的员工也需要按照任务清单考核，但越是这样越留得住人，走的人还少了。能干活的人往前冲，不能干活的人就淘汰。我的压力也大了，每天早上我绝对是最晚7点15到办公室。"

近三年，中国恩菲连续三届被授予"首都文明单位"荣誉称号。2017年，中国恩菲首次实现了合同额过百亿的好成绩，为企业发展乃至行业发展创造了新的纪录。2017年，公司还首次荣获国家综合性奖项的最高荣誉——"全国文明单位"荣誉称号。

在创新驱动领域，中国恩菲在智能矿山领域取得了显著的成绩。智能矿山是矿山行业的重要发展方向，依托"矿山国家队"的技术优势，中国恩菲组建了一支多专业融合的智能矿山技术团队，通过不断技术创新和难点突破，掌握了智能矿山关键核心技术，并实现技术成果的转化。依托核心技术和平台保障，中国恩菲完成了从智能矿山建设总体规划、顶层设计、实施方案编制，到施工建设承包、矿山生产运营维护的智能矿山全生命周期"一站式"技术服务。

在国际一流的设计手段方面，三维数字化是智能矿山的基础，中国恩菲全面装备了国际上先进的三维设计软件，包括三维地质建模、采矿设计及生产进度计划编排、自然崩落法开采设计、

中国恩菲总包的智能矿山——巴布亚新几内亚瑞木镍钴项目

通风系统三维设计等，并组织搭建 MIM（Mining Information Modeling）——矿业信息模型，能够支持包括方案设计、项目实施、生产管理等在内的矿山全生命期中工程信息的动态创建、管理和共享。

在国内领先的平台建设方面，以中国恩菲和长沙矿山院"两室、一院、一基地、三站、二十二中心"为依托，搭载中国恩菲与国家超级计算天津中心共同成立的国内唯一中国矿业信息化协同创新中心暨"恩菲－天河矿业云"，中国恩菲致力于承担行业引领责任，打造智能矿山技术引领者、自动化采矿示范应用推动者、矿业高端咨询承担者、智能矿山标准制定者，完成智能矿山工程仿真、虚拟现实、矿山三维管控以及远程故障诊断技术服务等，给企业提供全过程自动化采矿解决方案，促进行业实现信息化与全矿生产过程的深度融合，助力矿山提质增效。

在独占鳌头的技术创新方面，中国恩菲已经全面掌握采矿自动化、提升机自动控制、按需通风、充填自动化控制、信息化集成、智能供配电、有轨运输无人驾驶系统、选厂自动化、虚拟现实与大数据技术等多项核心技术。

中国恩菲自主开发的双电机车同步牵引无人驾驶系统填补了国内的技术空白，能够实现振动放矿机远程控制、电机车自动运输和卸载，实现整个运输过程现场无人化作业，大幅减少作业人员。以冬瓜山铜矿为例，无人驾驶技术能够有效节省现场操作人员 80% 以上，每年可节省人工成本 320 万元，同时大幅提高设备运行时间和作业效率。

在实现高质量转化、推动高质量发展方面，中国恩菲将先进控制系统和新一代信息技术优势搭载于工程项目，通过为国内外知名矿山实施和开展全流程的技术服务和远程诊断，有效提升矿业发展水平。目前智能矿山技术已在国内外多个重要矿山得到示范应用。

在国内，智能矿山技术已成功应用于"十三五"高寒课题无轨设备自动化项目，"十三五"高寒通风余热利用项目，柿竹园智能矿山关键技术研发与示范项目，冬瓜山和红牛铜矿的有轨运输无人驾驶系统，会泽铅锌矿膏体充填自动化改造项目，获各琦、金川等提升系统自动化改造项目，云南华联新田选矿智能磨矿控制系统，普朗铜矿智能通风和裕新多金属矿露天智能化开采关键技术研究与示范等多个项目。

在国外，恩菲承担了赞比亚谦比西铜矿信息化智能化改造和总承包服务，使谦比西东南矿体信息化融合项目成为我国首个海外智能矿山示范项目。在项目中，中国恩菲创新提出了融合系统的概念，实现传统控制系统之间的融合、多网合一、电能管控和智能保护，实现了供配电系统、生产过程控制和通信系统的智能化综合管控，全面实现无人值守和远程遥控，借助天河矿业云的大数据平台和远程诊断及高端咨询服务，大幅度减少井下作业人员。在比传统建设模式不增加投资的前提下，大幅度提高控制和信息化智能化水平，提高劳动生产率，使之成为非洲首座数字化矿山。

"重组三年，最鼓舞士气的是企业真正向海外市场迈进，海

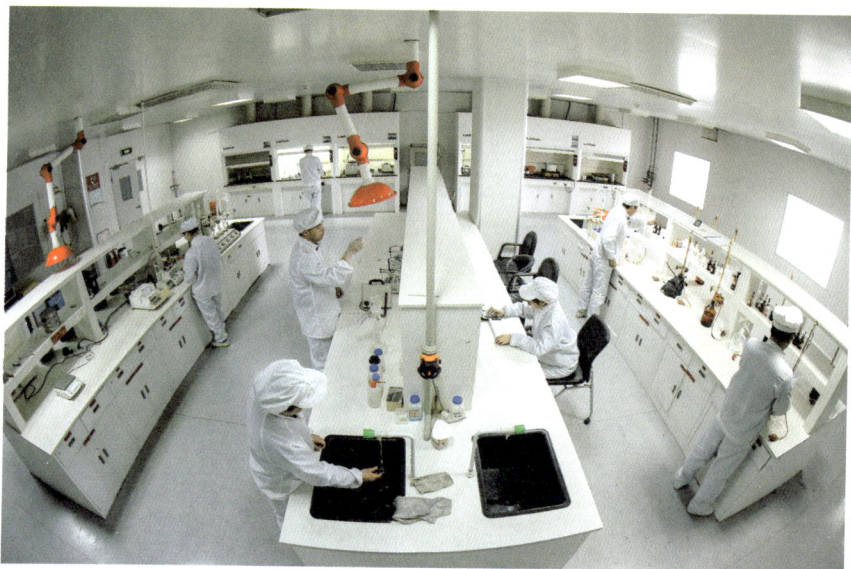

中国恩菲拥有中国唯一的多晶硅材料制备技术国家工程实验室

外业务收入已经占企业收入的 40%。"陆志方说，"2019 年，恩菲海外合同将接近总收入的 50%。值得一说的是，2015、2016、2017 年，连续三年，我们考核都是中冶集团 A 级企业的第一名。"

硅业报国：研发与生产双螺旋上升

地壳中第二丰富的元素——硅，短短十多年时间里在中国太阳能技术领域迅速得以应用和发展。如今，中国太阳能多晶硅产业的综合产量已经占到世界的约 70%。中国恩菲共申请专利数量1300 多项，其中多晶硅专利占 20%，共 257 项，166 项获得授权，87 项是发明专利。中国恩菲还拥有我国唯一的多晶硅制备技术国家工程实验室，其子公司洛阳中硅高科技有限公司是高新技术型多晶硅生产企业，用"以技术带动研发，研发带动产业，产业形成技术提升的研发与生产双螺旋上升"的方式践行"硅业报国"的理念。

中国的多晶硅产业在发展初期曾经经历过一段"末端治理"成本高而效果不理想的高能耗、高污染阶段。而今，不少中国企业已经能够做到近"零排放"。中国恩菲的生产过程中，不仅能够使几乎100%的四氯化硅和三氯氢硅循环利用，还能够"废物利用"，衍生价值。

中国恩菲目前采用多晶硅生产的主流工艺闭环三氯氢硅法生产，经过多年的不断优化工艺路线，目前生产过程中每一个步骤都有其专利技术支撑，攻克了大量生产关键难题。

中国恩菲及其子公司中硅高科研发了大型还原尾气干法回收系统技术，将三氯氢硅合成工业硅、分离提纯、还原等环节产生的含硅尾气有效收集，并分门别类进入生产各个环节。少量不能转化返回的低品质四氯化硅也并没有开路留到下游处理，中国恩菲将其提纯后用于气相白炭黑生产，投放市场，满足光纤生产的需要。其多晶硅生产全过程形成闭环，不排放废弃物，绿色安全，通过废物利用产生效益。

智慧管廊：细分市场的领跑者

中冶京诚工程技术有限公司是我国最早从事冶金工程咨询、设计、工程承包业务的国家级大型科技企业，是中国五矿集团公司所属中冶集团的核心子企业。

中冶京诚由中冶集团北京钢铁设计研究总院改制而来,至今已走过近 70 年的光辉岁月。

在我国钢铁工业创新发展的进程中,中冶京诚始终在最前沿的钢铁新材料、新工艺、新技术、新设备方面引领冶金建设高端市场,是钢铁企业全方位方案解决专家,能够为客户提供涵盖工程咨询、项目管理、工程与装备设计、设备系统集成、材料和设备供货、EPC 工程总承包、投产运营等完整业务链的全过程综合服务,逐步发展成为全国勘察设计行业的龙头企业,并在 2007 年、2008 年连续两年位列全国勘察设计企业百强榜首。此后,在历年国家住建部、勘察设计协会等年度排名中,也均位居行业前列。

中冶京诚作为钢结构设计规范的主编单位,曾参与完成了人民大会堂的改造工程,彰显了在民用建筑领域的技术领先地位。中冶京诚还完成了世界最大国际贸易中心北京国贸三期工程,并荣获第十届中国土木工程詹天佑奖及北京市第十五届优秀工程设计一等奖。此外,中冶京诚还完成了北京亦庄开发区最高建筑国锐项目、长春市在建第一高楼长春国际金融中心、烟台第一高楼世茂海湾 1 号等标志性工程。

在交通路桥领域,中冶京诚完成了广西百色至靖西高速公路工程,石家庄太行大街、新城大道,十堰市武当路复线与三峡路等工程。在新兴产业领域,中冶京诚管廊技术研究院研究开发了钢制综合管廊技术,被评为国际先进。

中国五矿旗下中冶京诚承担人民大会堂大礼堂和宴会厅钢结构设计及改造工程

但在 2014 年、2015 年，经过十多年的高速发展，我国钢铁行业产能出现了严重过剩，整个行业都面临着巨大的生存压力，基本上是"全行业亏损"。

2016 年，何去何从，成为以钢铁为主业的中冶京诚最为紧迫的问题。

中国五矿和中冶集团重组后，在冶金建设投资减少、市场萎缩的情况下，中冶京诚以"一天也不耽误、一天也不懈怠"的精神，在中国五矿集团总经理国文清提出的"做冶金建设国家队、基本建设主力军、新兴产业领跑者，长期坚持走高技术建设之路"的科学发展战略指导下，充分发挥自身独有技术优势，在保留精干力量继续坚守冶金主业的同时，拿出一部分人员，进军基本建设和新兴产业。

位于北京经济技术开发区的中冶京诚院子里，道路上设置了几个地下管廊的截面装置，人们在其中穿梭，就仿佛在地下一睹管廊的"真容"。

面对当前城市地下综合管廊市场大规模、高强度的建设需求与新型智慧城市日益增长的管理升级要求，中冶京诚积极开发智慧管廊产品。

中冶京诚智慧管廊产品以构建安全、经济、高效、便捷、扩展的城市地下综合管廊智慧管控系统，打造城市基础设施智慧化运营管理平台为目的，提供综合管廊智慧应用解决方案，旨在通过可视化管理、自动化维检、智能化应急、标准化数据、全局化分析、精准化管控，实现对综合管廊的一体化分析决策与综合管

滇中新区智慧管廊控制中心监控大厅与展厅内景

滇中新区哨关大道综合管廊参观段联络通道、电力舱、综合舱实景

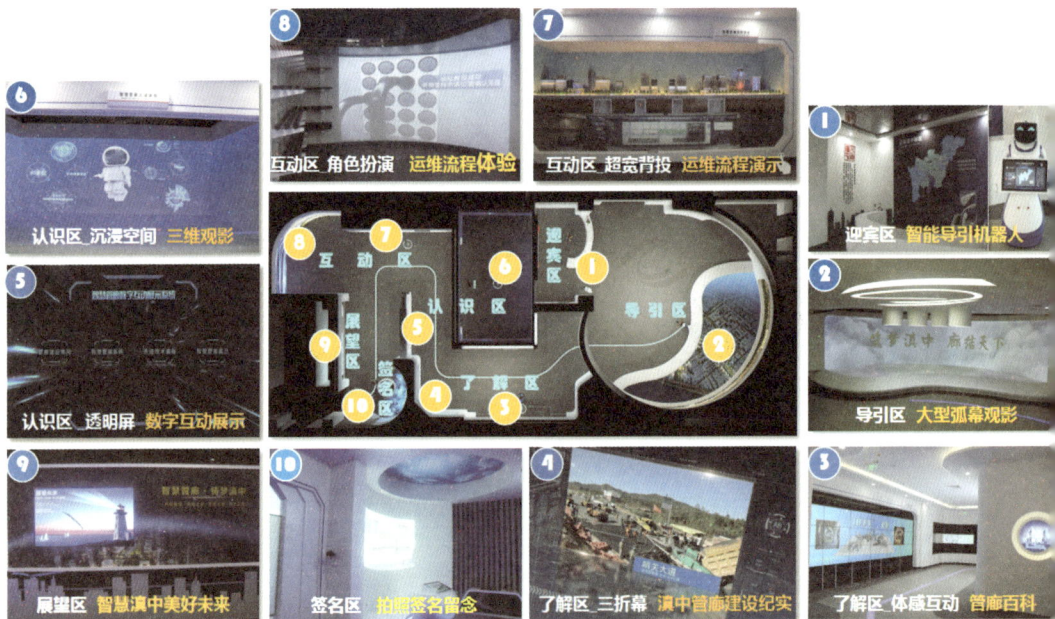

滇中新区智慧管廊展厅平面布局（中间图）与分区实景

控，并面向项目、公司、区域、城市等不同层级与用户的管控需求，提供差异化服务。

中冶京诚智慧管廊通过一个平台 + 两个中心，规范运维流程与操作行为，减少人工干预，提高智慧化管控水平，实现综合管廊运维公司与管线单位、政府以及相关职能部门间数据与流程的智慧交互，为城市生命线的安全运行提供可靠保障。

凭借在综合管廊规划、设计、施工、运维领域深耕多年的丰富经验，结合当前国内综合管廊建设运营情况，中冶京诚通过系统性梳理综合管廊管控问题与需求，首创性地提出了"综合管廊管控功能分级"的概念，将综合管廊的管控水平划分为 1.0 零监控、2.0 基础监控、3.0 智能监控、4.0 智慧管控四个等级。

中冶京诚智慧管廊产品以"3.0 智能监控"系统为起点，较之基础监控，增设廊体与管线监控系统、智能化综合运维管控平台、多功能展示平台等，实现全面覆盖的实时监控、智能连锁的应急处置、快速反应的事中控制。在此基础上，通过综合管廊运行维护数据的汇聚、融合、挖掘、共享，实现精细管理、预前防控、智慧决策的"4.0 智慧管控"，真正防患未然、消弭事故。

迄今为止，智慧管廊产品已获 29 项软件著作权，授权 2 项实用新型专利，受理 5 项发明专利与 2 项实用新型专利。其中，综合管廊智慧管控平台等 5 项关键技术软件已通过住建部组织的软件测评，并获得中国测绘科学研究院颁发的测评证书。

凭借从产品研发及应用实践中积累的先进成功经验，中冶京诚已受邀主编、参编多项与综合管廊规划、设计、建设、运维管理及其智慧化相关的国家、地方（北京市、雄安新区等）、行业、团体标准和专业书籍，并荣获 2018 年"第二届中国创新挑战赛第二届中国创新挑战赛（北京）现场赛"之"最具实用价值奖"、"中冶集团 2018 年度 BIM 技术应用大赛"二等奖、"中国五矿集团有限公司 2018 年优秀信息化案例"等。

在管廊细分市场，中冶在技术、市场、业绩走在了市场前端，已经成为这一细分市场的领跑者，市场业绩、行业标准、专利数量继续保持行业第一，"中冶管廊"品牌影响力不断扩大。尤其是国内首创的装配式波纹钢制管廊新技术，比传统的混凝土管廊工期缩短 40%，成本降低 30%，潜力巨大。

主题公园：第一个覆盖主题公园全产业链的国有企业

"主题公园的建设，实际上并不是从新加坡项目开始的，只不过新加坡项目是最大的一个。在那之前，我们和华侨城集团等在广东就已经做了不少这种项目。"中冶建筑研究总院有限公司董事长、中国工程院院士岳清瑞说，"2013 年我们明确将主题公园作为主要发展方向之一，建设团队，着力开发这方面市场。"

中冶建筑研究总院有限公司（以下简称建研院）于 1955 年建院，原隶属冶金工业部，名为冶金工业部建筑研究总院，是我国从事建筑和环保技术研究、推广及应用的，由科研院所转制而来的大型科技企业。

在五矿集团和中冶集团战略重组之前，建研院的主要业务是较为传统的专项工程，开拓能力、项目承揽能力有限，有较多亟待解决的、复杂的历史包袱。

2016 年，五矿集团和中冶集团战略重组后，恰逢建研院刚刚走过 60 年光辉岁月，建研院董事长岳清瑞做了题为《以六十年院庆为起点，再启总院新征程；以"十三五"开局为契机，续写发展新篇章》的工作报告，深入贯彻集团"中国冶金建设国家队、基本建设主力军、新兴产业领跑者"的新战略，吹响了建研院改革再出发的号角。

经过三年来的改革发展，建研院取得了令人欣喜的成绩：2018 年完成营业收入 85.9 亿元，创建院以来的历史新高；较

2015 年的 67.2 亿元，增长 27.8%，营业规模持续高速增长。

2018 年剔除处理历史遗留潜亏后的实际经营利润 6.9 亿元，较 2015 年实际经营利润 4.5 亿元增加 2.3 亿元，增长 50.9%，盈利水平大幅提高。

2018 年末资产负债率较 2015 年降低 5.3%，资产负债结构得到进一步优化。

三年来，建研院坚持聚焦科研主业，打造特色业务的战略定位，通过全院员工的共同努力，科技实力和行业影响力得到了空前的提升。三年来，在科技成果上，共获国家科技进步二等奖 2 项、国家技术发明二等奖 1 项、中国专利优秀奖 4 项、中国标准创新贡献奖 3 项，主编参编获发布国家标准 45 项、行业标准 28 项，获授权专利 376 项，获登记软件著作权 58 项，2018 年的科研经费增长至 2015 年的三倍以上 。

建研院在创新驱动方面，不断攀登主题公园建设高峰，从狮城到北京，走上了主题公园建设成长发展之路：不仅成为第一个参与环球影城和迪士尼两大世界顶级主题公园设计与建设的国际化公司，还牵头成立我国第一个主题公园建设行业协会，主编第一部主题公园国家标准，成立我国第一个主题公园技术研究院，成为第一个覆盖主题公园全产业链的国有企业。

特色主题工程作为新兴的高、精、尖产业，对建设企业有着极高的要求，参与者需要具有集创意、设计、研发、生产、展示、经营及人才培养于一体的能力，拥有自主知识产权，能够自主研发主题公园旅游产品及设备的核心技术，融合旅游产业链与其他

中冶建筑研究总院有限公司承建的新加坡环球影城项目

产业链，同时深入挖掘文化特色，提高国际竞争力和影响力。企业要通过自身努力，攻破技术难关，形成有价值的研究开发成果，并在此基础上依靠自身的能力推动创新的后续环节，完成技术成果的商品化。一个企业只有拥有自己的核心技术，才能在对科技要求较高的特色主题公园建设中占有一席之地。

新加坡环球影城是中冶建研院承接的首个大型海外民用工程项目，项目结构复杂、设计新颖，技术先进，执行美国环球影城标准，对设计、施工的综合能力都要求极高。作为施工总承包商，自合约签订之日起，面临的不仅是短暂的工期要求，还面临着诸多的困难和挑战。面对重重困难，项目部沉着应对、科学管理，果断进行了多项项目管理创新和新工艺、新材料、新技术的创新。

最终，中冶建研院项目团队凭借刻苦钻研、坚韧不拔的决心和毅力，创下了仅用 18 个月就完成了发达国家需要 4 年才能建成的施工纪录，工程各项指标均符合严苛的新加坡标准，获得了业主和新加坡各界的广泛好评。新加坡环球影城项目先后获得了中国建设工程鲁班奖（境外工程）、国际项目管理（中国）特大项目金奖、新加坡绿色建筑年度大奖、国家优质工程银质奖（海外工程）、冶金行业优质工程、中冶集团优质工程等十余个奖项，摸索出了一套适合国情的主题公园施工流程，培养了一批专业技术人员，打造了一支懂技术会管理的高素质团队，为中冶建研院拓展特色主题工程产业奠定了坚实的基础。

特色主题工程为时代性很强的产业，建筑企业要想抢占市场先机、获取良好的收益，必须要尊重市场、尊重项目、尊重主体地位，用贴近市场需求的产品赢得市场的信任。继新加坡环球影城项目一战成名后，中冶建研院的建设者们乘风破浪，乘胜前行，在特色主题工程蓬勃发展的大潮中扬帆起航。中冶建研院逐步走在行业的前列，成为特色主题工程领域最具规模的旗舰级中央企业，先后参与了上海迪士尼、珠海长隆海洋王国、锦绣中华傣寨工程、锦绣中华和民俗文化村景区的改造和扩建工程、武汉万达电影乐园、淮安西游记主题公园等国内外特大项目。在不断的实干探索和市场锤炼中，中冶建研院的核心竞争力逐渐清晰，深耕细作，不断提升品牌影响力。

特色主题工程在中国是一个新兴起的朝阳产业，也是中冶集团"四梁八柱"的一柱。在我国特色主题工程蓬勃发展的大好历史机遇面前，中冶建研院有足够的经验、充分的准备、清晰的规划和坚定的信心，抓住机遇、应对挑战，以独占鳌头的核心技术、持续不断的创新能力、无可替代的全产业链整合优势，全力打造特色主题工程核心竞争力，持续不断加大市场开拓力度。

伴随主题公园热，进入这个市场的竞争者也逐渐增多。

"坦率地说，别人都在跟我们争，但是我们的优势是不可替代的。"面对市场竞争，建研院董事长岳清瑞充满自信，"我们是全产业链。别的单位只做工程，没做设计，也没有能力设计。有的单位能做设计，但是没有做过工程。全产业链是什么？就是我们不仅做工程，还做创意。主题公园首先是创意，我们有个团

中冶建筑研究总院有限公司承建的上海迪士尼乐园项目

队就专门做创意，而且我们还和美国、加拿大一些世界上的主要公司有多次深度合作。此外，我们有设计、工程，还开发材料和设备、参与后期维护，是全产业链。"

"我们是全才，这别人是没有的。"岳清瑞接着说，"现在国内主题公园的两个国家标准，室外主题公园和室内主题公园的国家标准，我们都是主编单位。我们还牵头成立了一个主题公园建设行业协会，主要是建设单位，也包括投资方、业主。我们做的活别人无法替代，要做你就得做出特色和优势来。"

◎ 加强党建，强化"根""魂"作用

坚持党的领导、加强党的建设是国有企业的"根"和"魂"。

新五矿本着强"根"固"魂"的要求，大力提升党建工作质量，以党建考评工作为抓手，深入推进党建工作责任制，深入学习贯彻习近平新时代中国特色社会主义思想和党的十九大精神，自觉落实"四个意识"，践行"两个维护"，不断提高政治站位，精准推进政治建设。

政治建设

政治建设是党的根本性建设。

重组三年来，新中国五矿深入学习贯彻习近平新时代中国特色社会主义思想和党的十九大精神，认真贯彻落实全国国有企业党的建设工作会议精神、十九届中央纪委二次全会精神和中央企

业 2018 年度党风廉政建设和反腐败工作会议工作部署，牢固树立"四个意识"，坚定"四个自信"，践行"两个维护"，把监督和纪律挺在前面，着力夯实管党治党责任，全面从严治党各项工作开创新局面，为中国五矿实现高质量发展，向"世界一流金属矿产企业集团"坚实迈进提供了坚强政治保障。

提高政治站位，推进政治建设

党的十八届六中全会明确习近平总书记是党中央的核心、全党的核心，为坚持和加强党的领导提供了根本保证。全会通过的《关于新形势下党内政治生活的若干准则》强调，全党必须牢固树立政治意识、大局意识、核心意识、看齐意识。"四个意识"关系着党内政治生态建设，关乎我们党和国家、中华民族的前途命运，对于我们党、对于我们党领导的伟大事业，具有极其重要的现实意义和深远的历史意义。

坚决维护习近平总书记在党中央和全党的核心地位、坚决维护党中央权威和集中统一领导——无论是哪个行业、哪个单位、哪个层级的党员干部必须始终在政治立场、政治原则上同党中央保持高度一致，时刻以党的十九大决策部署和习近平总书记对本地区、部门和领域的要求检视自身行为是否符合新时代党员干部的要求，切切实实把"两个维护"落实到每一个党组织、每一名党员的一言一行和方方面面。

新五矿把"四个意识""两个维护"作为管党治党的首要任务，主动抓好抓实。

2018 年初，中国五矿集团公司党组第一时间传达中央巡视工作会议精神，按照政治巡视要求，制定《集团公司党组 2018 年巡视工作计划》和《关于开展十八届中央巡视整改落实情况"回头看"的工作方案》，颁布《中国五矿集团有限公司党组关于加强执行向党中央请示报告制度工作指引》，把"两个维护"体现在行动上，落实到工作中。党组纪检组通过集体会议、直管企业纪委书记例会、纪检监察干部和巡视干部专题会议等形式，持续跟进、专题学习习近平总书记一系列重要讲话和中央纪委关于加强政治建设、扶贫领域腐败问题惩治、加强国有企业党建等方面的重要指示批示精神；在全系统传达"中央企业纪检组长现场述职会"、"中央纪委国家监委省区市纪检监察工作座谈会"精神，深入学习领会"纪检监察干部监督座谈会"和"中央企业警示教育大会"精神，将"两个维护"要求转化为纪检监察系统的履职能力和工作作风，夯实政治建设基础。

持续深入学习贯彻习近平新时代中国特色社会主义思想和党的十九大精神，集团公司党组细化制定《贯彻落实党的十九大精神党建工作任务分解清单》，明确 8 个方面 60 项党建工作任务，覆盖 8 家职能部门和所有直管企业。按照党的十九大提出的党建要求，深化开展中央巡视整改"回头看"，在各单位自查自纠的基础上，派出多个督查组针对重点事项开展督查，发现重点问题，推动整改落实；细化实施《集团公司党组关于以深化十八届中央巡视整改为抓手　深入贯彻落实党的十九大精神推动新时代管党治党向纵深发展的工作方案》，党组及各部门各单位开展深入自查，督促中央巡视整改不断深化、转化为国企治理新成效。各级纪委以集中培训、专题研讨、宣传解读等方式，积极推动新思想、新方略和新要求的学习贯彻落实。

责任层层落实

新五矿持续强化管党治党政治担当，结合企业实际细化目标要求，推动全面从严治党，责任层层落实。

——落实党内监督责任，推动全面从严治党主体责任走实走深。

——优化考评体系，强化对主体责任落实情况的督查。

——统筹推进全面从严治党和全面从严治企，逐级夯实全面从严治党"两个责任"。

新中国五矿根据要求研究制定《集团公司党风廉政建设和反腐败工作重点任务分解表》，将105项党风廉政建设分解到各直管企业和总部职能部门，各直管企业也层层分解。在党组统一领导下，办公厅、党组组织部（人力资源部）、财务总部、企业管理部、审计部、法律部等部门根据各自职能，认真履行重大事项督查、干部监督管理、财务风险管控、监管信息共享、违规线索移交等监管职责；截至目前，专职副书记和纪检组长协同组织8次党建工作例会，专题研究党建和党风廉政建设工作，加强党建部门的协调联动，统筹推进管党治党纵深发展。

坚决打好作风建设持久战

党的十八大以来，党中央以"小切口"推动"大变局"，八项规定持续发力，作风建设不断深化。新五矿坚决打好作风建设持久战，进一步把监督挺在前面，推动监督责任落实落地。

——巩固拓展落实中央八项规定精神成果，继续坚持一个节点一个节点坚守，努力推动化风成俗。党组巡视办对集团公司直管企业落实中央八项规定精神开展专项检查，采用企业报送和现场检查相互印证、集中检查和实地抽查相互结合等方式，对各直管企业落实中央八项规定精神制度体系梳理完善情况，办公用房、公务用车、餐饮食堂、业务招待、国内差旅和工会经费使用等重点领域和关键环节进行监督检查。

——着力完善监督制度，优化监督体制机制。加强纪检监察制度建设，助推监督责任落到实处，修订《中国五矿集团有限公司党风廉政建设责任制实施办法》，研究制定《中国五矿集团有限公司纪检工作关于贯彻"三个区分开来"重要思想的实施意见》《中国五矿集团有限公司"三重一大"决策制度监督检查管理办法》《中国五矿集团党员领导干部谈心谈话提醒工作暂行办法》，聚焦"关键少数"，加强对权力运行的监督和制约；纪检监察组牵头7家职能部门组成专项工作组，对集团公司履职待遇、业务支出相关18项制度进行修订完善，编制形成《中国五矿集团有限公司履职待遇、业务支出系列规整制度体系汇编》。

——着力压实监督责任，推动工作定位向监督聚焦。全面履行监督专责机关职责，通过实地调研检查考核、谈话约谈等方式加强监督检查，推动全面从严治党、全面从严治企向纵深发展。

保持反腐败斗争高压态势

新五矿保持反腐败斗争高压态势，创新执纪方式，提高政治站位，释放有腐必反的强烈信号。

坚持有贪必肃，有腐必惩，精准有序惩治腐败。全面加强对信访举报工作的监督管理，下发《关于做好集团公司纪检监察信访举报工作的实施意见（试行）》，对问题线索集中管理、动态更新，及时了解核实、分析研判，按照谈话函询、初步核实、暂存待查、予以了结四类方式进行处置。"近年来我们通过持续整改，各级党组织从严治党、从严治企的意识显著增强，针对违规违纪问题下大力气减存量、遏增量，特别是近两年来，我们针对连续爆发的重大案件重拳出击，坚决遏制腐败蔓延势头，对案件涉及的30余名当事人和领导人员进行史上最严问责；我们持续加大内部巡视巡察力度，提升主动发现问题的能力，严肃处理各级干部400余人次，大家反映党组'动真格了'，纪律和规矩真正立了起来、严了起来，我们真正让制度和规矩不再是'稻草人'，而成为'带电的高压线'。"2018年9月28日，中国五矿集团公司警示教育大会上，中国五矿集团董事长、党组书记唐复平用数字"说话"，发出警示。

创新采取"专项巡视＋执纪审查"的工作方式，巡视和执纪工作同步推进、同步发力，取得较好效果。针对投资大、建设周期长的"金铜项目"，在审计发现问题的基础上，采取"专项巡视＋执纪审查"的方式，推动审计、巡视、纪检三方联动。巡视组对"金铜项目"就审计移交的问题开展专项巡视，从财务、建设、经营等方面着手锁定有关问题证据，再由执纪组进驻，与巡视组无缝对接开展审查调查。

高度重视"三大攻坚战"政治责任落实，对环保领域问题严肃开展监督执纪。

深化政治巡视

新五矿坚定不移深化政治巡视，境外监管体制机制优化，巡视利剑作用愈加彰显。

内部巡视实现全覆盖，巡视巡察联动效应明显。中国五矿党组高度重视巡视工作，根据中央巡视工作五年规划精神，研究制定《中国五矿集团有限公司党组巡视工作规划（2018—2022年）》，对一届任期巡视全覆盖作出部署。根据新修订的《中央巡视工作条例》，修订完善《党组巡视工作办法》等5项制度，将中央精神贯彻落实到实处。党组深入贯彻党的十九大关于深化政治巡视的要求，扎实开展对直管企业常规巡视的同时，督促二三级企业党委全面开展巡察，巡视巡察上下联动，紧盯各级领导班子，立足发现问题、形成震慑，进一步推动改革、促进发展。

以境外巡视为主线，多措并举开展境外资产监管和廉洁风险防控。探索开展对不同片区境外企业的专项巡视，对境外企业定期开展"全面体检"，督促问题整改，强化现场教育，相关工作受到中央纪委网站关注报道。强化制度建设，研究制定《集团公司党组境外廉洁风险防控管理办法》，将有关监管做法固化为体制机制和制度，督促各部门各司其职，形成境外监管合力。加大合规教育力度，公司连续四年召开加强境外企业党建和廉洁风险防控工作研讨会，召集境外企业负责人传达上级精神，部署有关工作，通报典型案例，用"境外事"教育"境外人"，取得良好效果。健全境外廉洁风险防控措施，深入开展"一带一路"腐败风险国别研究，为企业"走出去"提供指引和保障。

推进廉洁文化建设

新五矿强化纪律规矩意识，推进廉洁文化建设，营造风清气正的政治生态。

进一步把纪律和规矩挺在前面，以案为鉴，深刻警示，用身边事教育身边人。中国五矿党组将纪律规矩和法制教育摆在重要学习日程，专门邀请中央纪委宣传部副部长林白芹为党组中心组学习扩大会专题讲授新修订的《中国共产党纪律处分条例》，并将学习范围扩大到总部机构领导班子和纪检监察系统。

组织反腐倡廉宣传教育月活动，进一步构建集团公司风清气正的良好生态。通过主题活动带动日常宣传的方式，以"知敬畏、重操守、强作风"为主题，开展反腐倡廉宣传教育，推出"纪律规矩、法规制度专题学习""廉洁主题党课""廉洁谈话活动""纪律规矩专题辅导讲座"和"国有企业领导人员廉洁从业相关规定专题展览"等"五个一"活动，各直管企业结合自身实际，开展家庭助廉、警示教育基地参观等活动。

扎实推进纪检监察队伍建设

新五矿打造政治过硬、本领高强的"纪律部队"，扎实推进纪检监察队伍建设。

优化纪检监察组织建设。研究修订《中国五矿集团有限公司纪检监察组织建设制度》《中国五矿集团有限公司党组纪检组工作规则》《中国五矿集团有限公司所属二级企业纪委书记、副书记提名考察办法》，夯实纪检监察队伍建设的制度基础。

推进纪检监察干部的教育管理和干部交流。保持正视问题的自觉和刀刃向内的勇气，强化对纪检监察干部的监督，监察局成立第五纪检监察室（干部监督室），专职对纪检监察干部进行监督执纪，从严管理纪检监察队伍，严防"灯下黑"。

加强对下级企业纪委的领导。一是优化完善纪委书记例会制度，采取"集中学习＋会议议事"模式，及时向纪检监察系统传达学习中央精神，及时组织学习中央纪委、国务院国资委党委印发的文件、通报，深入学习《中国共产党纪律处分条例》《中华人民共和国监察法》，不断提升纪检监察队伍的政治站位、明确中央要求和工作定位。二是连续三年开展纪委书记述职专项考核，根据中央纪委考核相关要求，制定《中国五矿集团有限公司直管企业纪委书记履职专项考核方案》，对直管企业纪委书记开展考核，实现考核结果与个人薪酬挂钩。三是进一步规范下属企业纪委履职行为，就执纪审查工程流程进行讲解培训，编写《执纪审查文书格式》，规范执纪审查工作。四是召开专题会议听取转办信件较多的直管企业纪委线索处置情况汇报，集中研究分析，确保定性量纪准确合规。

中国五矿党组、纪检监察组紧密地团结在以习近平同志为核心的党中央周围，认真贯彻落实中央、上级纪委和国资委党委部署要求，奋发有为、真抓实干，发扬"一天也不耽误、一天也不懈怠"的精神，不断推动全面从严治党、全面从严治企取得新成效，为打造"中国第一、世界一流"金属矿业集团提供坚强保障。

党建工作

坚持党的领导、加强党的建设，是我国国有企业的光荣传统，是国有企业的"根"和"魂"，是我国国有企业的独特优势。

新五矿以习近平新时代中国特色社会主义思想和党的十九大精神为指引，着眼新时代党的建设总要求和总体布局，积极认真做好理论学习工作、党建考评工作。

党建考核

新五矿集团公司党组按照国资委党委提出的要求，结合集团公司党建工作实际，研究制定了《中国五矿集团有限公司2018年度党建工作考核评价指标体系》，指标体系共有6个一级指标、27个二级指标和96个评价要点；制定印发集团公司党支部基础工作评价要点，共20个评价指标，62个评价要点。中国五矿党组以党建考评指标体系为标准，用好考核这个指挥棒，把标准立起来，各单位党组织发扬"钉钉子"精神，持续发力、环环相扣，党的建设工作"螺丝"拧得更紧，抓实抓细更进一步，抓出了成效，持续提升集团公司党的建设质量。

三基建设

新中国五矿贯彻落实全国国有企业党的建设工作会议和全国组织工作会议精神，抓实抓好基本组织、基本队伍、基本制度等"三基建设"，同时抓基本活动、基本阵地、基本保障，以提升组织力为重点，突出基层党组织应有的政治属性、政治功能、政治责任，打造基层标准化党支部。推动党支部书记集中轮训常态化制度化，推广"互联网＋党建""智慧党建"等做法；不断加强新时代合格党员队伍建设，严把发展党员政治关，增强党员教育管理的针对性和实效性，开展党内帮扶；不断提升党员队伍质量，围绕企业改革发展和生产经营，开展"党员责任区、党员示范岗、党员先锋队"创建活动，持续推动创先争优常态化长效化；重视在生产经营一线、产业工人和青年职工中发展党员，努力把业务骨干培养成党员、把党员培养成业务骨干、把党员骨干输送到重要岗位。

五矿集团下属各个企业全面开展党建工作。湖南有色从2017年开始全面推行党支部"五化"建设，内容包括：支部设置标准化、组织生活正常化、管理服务精细化、工作制度体系化、阵地建设规范化。通过量化考核，细化要求，为夯实党建基础、筑牢基层战斗堡垒持续发力。有色控股党委力争通过活动实施，使基层党组织促进改革发展、加强自身建设、强化政治功能的水平迈上新高度。

湖南有色下属企业水口山探索"党建＋"模式，运用了"党建＋安全环保""党建＋精细化管理"，在"党建＋"模式中推行党员积分制。

五矿稀土下属企业锡矿山公司开展"三增三做创五星"竞赛、

"三亮三当三满意"活动、"一部一品"特色党支部创建、"党建工作融入班组"活动。

湖南有色下属五矿铜业公司推行党员积分制、党员干部作风建设"五带头、五不准"制度，把"到一线去"作为党员干部和管理人员的风向标、必修课。

中钨高新下属的株钻，三年来严抓党建工作，建立学习园地，规范党员，党建工作和生产经营紧密结合，党建为生产经营服务，成立生产经营党员突击队，党员带头搞生产、赶进度，取得了显著的成绩。在一次行业大型交流会中，有100多家客户到场，主办方南方动力难以承担全部的接待任务，再加上地点偏僻、交通不便，连出租车都很难打到，株钻为了更好地服务客户，动员公司全体党员用私家车接送客户，客户满意度极高，株钻成功地实现了党建与生产经营的有效结合。

党建带团建

新五矿坚持党建带团建，全面从严治团，加强团的组织建设，强化青年政治引领，激发基层团组织的活力。认真做好团的十八大会议各项相关工作，深入开展"青年大学习"行动；深化号手岗队创建，选树典型，向中央企业团工委推荐申报全国青年安全示范岗，积极推进青年志愿者服务工作；发挥桥梁纽带作用，服务青年成长成才，推动各级团组织开展青年讲堂、团日活动、座谈交流、征文大赛、知识竞赛、青年代表一线行、导师带徒、青工技能大赛等活动。

统战工作

新五矿构建覆盖集团公司全系统的统战工作领导体制和工作机制，调整集团公司统战工作领导小组，明确统战工作的职责，根据全国统战部长会议精神及国务院国资委党委关于统战工作的各项安排，把握工作重点，落实好统战工作责任，做好凝心聚力工作，助推集团公司改革发展。

思想政治

新五矿开展党组（党委）理论学习中心组学习，落实意识形态工作责任制。将意识形态工作纳入党组工作重点、纳入党建责任范畴，着力开展思想政治工作，大力推进精神文明创建工作，创新开展智慧党建 APP 建设。

五矿稀土下属企业锡矿山公司，倚靠思想政治工作，成功推动企业离岗分流工作。2016 年，锡矿山闪星锑业有限责任公司到了生死存亡的关头，需要关停亏损严重的锌厂止血，断臂求生。锌厂少数员工对决策不理解、准备组织所谓"护厂队"。锡矿山公司各级党组织开展全面、广泛、艰苦的思想政治工作，成功地将"护厂队"的组织者转化成为协助者，与所在党支部一道帮助做员工思想工作。最后全厂 800 多名员工顾全大局、同意关停，离开工作岗位。在该矿 2017 年举行的锡矿山锑业开发 120 周年庆典上，锌厂离岗分流员工集体专门排练演出节目表达对企业的深深眷恋，唱出"我的离开是为了让你们走得更远！"台下不少领导、员工、观众潸然泪下。

舆情管控

新五矿进一步优化集团公司舆情管控体系，积极应对各类舆情。完善顶层设计，进一步完善集团舆情工作联系人机制和舆情工作考核机制；前置应对重心，建立舆情多向预警模式，对可能引发舆情的信息线索采取多向沟通预警，防"舆"患于未然，扩大覆盖范围，将舆情工作机制覆盖范围扩展至海外企业，提升境外舆情风险防控能力。

同样是在五矿稀土下属企业锡矿山公司，2016年5月份的一天，锡矿山公司党委获悉锌厂少数员工通过微信群联络，准备在滨江公园聚集研究阻止锌厂关闭对策，公司、锌厂、各车间党组织迅速按照分片包干做工作的预案，各负其责行动，锡矿山公司党委书记张夫华连夜从市区家中赶到锡矿山上包干对象家中家访，耐心对话交流和释疑，直到半夜12点多钟才回家。总经理刘跃斌等公司其他领导、锌厂班子成员等也连夜深入到包干对象家中沟通交流，并取得良好效果，有效地化解了可能发生的舆情。

扶贫工作

新五矿全力以赴开展扶贫工作，各项指标大幅上台阶上水平。全力体现政治站位，优化集团公司扶贫工作领导小组，加强组织领导、构建扶贫大格局、加强选派挂职干部、加大帮扶力度、加大工作创新、加强督促检查，开展扶贫工作督察，全覆盖集团公司所有在运维、在建项目。做好扶贫领域作风问题治理专项工作。

党组作用

重组三年来，中国五矿党组深入学习贯彻习近平新时代中国特色社会主义思想和党的十九大精神，进一步贯彻落实全国组织工作会议、全国国有企业党的建设工作会议精神，认真学习中央企业党的建设工作座谈会精神，认真落实新时代党的组织路线相关要求，以集团公司全面深化改革目标为指引，以大力加强党的领导和党的建设，开展人力资源管理系统化、体系化变革为主线，立足战略发展，聚焦管理提升，着力建设忠诚干净担当的高素质专业化企业领导人员队伍，着力集聚致力于建设世界一流企业的各方面优秀人才，努力为推动集团公司成为"中国第一、世界一流"的金属矿产领域的国有资本投资公司提供专业高效的人力资源解决方案和高素质的人力资源队伍。

落实精神

新五矿深入学习贯彻中央相关会议文件精神，研究制定了《集团公司关于贯彻落实中央企业党的建设工作座谈会精神的意见》，深入学习贯彻习近平新时代中国特色社会主义思想和党的十九大精神，进一步贯彻落实全国组织工作会议、全国国有企业党的建设工作会议精神，在认真学习中央企业党的建设工作座谈会精神的基础上，贯彻执行新时代党的建设总要求和党的组织路线，推动落实《中央企业领导人员管理规定》，进一步激励集团公司所属企业各级干部人才新时代新担当新作为，提出扎实推动贯彻落实中央相关会议文件精神的四个方面举措：一是加强党的全面领导，推进党的建设伟大工程。二是推进五支人才队伍建设，着力集聚致力于建设世界一流企业的优秀人才。三是聚焦建设世界一流企业战略要求，推进人力资源管理体系建设。四是坚持党管干部原则和发挥市场机制作用相结合，着力建设忠诚干净担当的高素质专业化企业领导人员队伍。

《意见》明确了中国五矿干部人才队伍建设的总体方向，是下一步推进组织人事工作的纲领性文件，具有重要的理论价值和实践意义。按照《中央有关部门贯彻落实习近平总书记在全国组织工作会议上的重要讲话精神分工方案》，还制定了《集团公司党组贯彻落实全国组织工作会议和中央企业党的建设工作座谈会精神任务清单》，明确改革方向、列明工作任务、夯实主体责任，为推进人力资源管理变革、加强干部人才队伍建设提供了有力的抓手。

加强职业经理人制度建设

新五矿推进规范直管单位董事会建设，加强职业经理人制度建设和试点。为加快完成集团公司向国有资本投资公司的转型提供干部人事制度体制机制改革支持，满足现代企业公司治理要求，推进各企业董事会规范和专职董事、监事选派工作，完善科学考核体系，并以契约化管理为抓手，开展职业经理人制度的试点推行工作，探索人力资源市场化机制改革。

探索实践激励机制

新五矿紧抓政策窗口期落实契约化改革要求，大力探索实践中长期激励机制。为了适应国有资本投资公司管控需要，落实契约化改革要求，进一步完善薪酬体系，新五矿构建了中长期激励机制，制定集团公司中长期激励制度体系，将员工与企业的利益长期绑定。同时指导集团各级企业根据自身特点和实际需要开展中长期激励实践，强化对集团优秀核心人才的吸引、激励与保留效果，以市场化的激励手段促进员工长期价值贡献。

战斗堡垒

新五矿坚持把习近平新时代中国特色社会主义思想和党的十九大精神学习培训作为首要政治任务，大力完善各类人才培训体系建设，持续完善集团公司人才培训体系顶层设计，以打造品牌项目为抓手，进一步扩大培训覆盖面，强化人才培训力度，为集团公司的健康稳定发展做好人才保障。

人力资源共享系统

新五矿加强人力资源信息系统建设，适时推进人力资源共享中心建设工作。根据集团公司打造国有资本投资公司管控模式的需要，聚焦利用信息技术和信息管理系统提升人事管理效率、促进管控模式转型。逐步将集团人事薪酬系统推广至五矿下属企业，实现一套标准，一个系统，做到"人员信息及时更新、全员薪酬线上核算、系统使用随时跟踪"，为人力资源管控提供有效决策依据，奠定人力共享中心建设基础。在人员和薪酬上线基础上，继续构建业务共享平台，由人力资源事务信息化进一步提升至流程信息化，通过构建标准化、集约化的业务办理平台，进一步夯实人力资源运营基础，大幅提升运营水平。

三大攻坚战

2017年10月18日，习近平总书记在十九大报告中提出："要坚决打好防范化解重大风险、精准脱贫、污染防治的攻坚战，使全面建成小康社会得到人民认可、经得起历史检验。"

党有号召、国企有行动。中国五矿始终把打好三大攻坚战作为重要政治任务，走在前列，争当表率。

防范化解重大风险

新五矿结合企业实际，严格防控风险。集团公司业务类型多，涉及风险类别也十分复杂，除常见的信用风险、资金风险、汇率风险、政策风险，还包括海外地缘政治风险、社区风险等等。新五矿将风险防控作为一切经营管理工作的首要前提。

在防范重大风险攻坚战上，中国经济发展面临的重大风险之一就是杠杆率偏高，重中之重是国企的高杠杆问题。新五矿从讲政治的高度、从控风险的迫切需要去认识降杠杆的重大意义，大力缩减资金驱动型业务，严控带息负债和应收账款，确保资金链安全。

精准脱贫

在精准脱贫攻坚战上，新五矿对亏损企业精准施策，确保2020

中国五矿集团党组副书记、副总经理董明俊考察云南省昭通市威信县罗布镇青龙村中药材（葛根）试种育苗示范基地

年前所有员工全面实现小康，一个不能少。履行央企责任，做好扶贫工作，按照"扶贫先扶志、扶贫必扶智"的要求，把扶贫与打造优秀产业项目结合起来，承担好6个贫困县2个村的定点扶贫任务，紧紧把握特色、长效和精准三大要素，实事求是、因县施策。

污染防治

在污染防治攻坚上，习近平总书记对环保问题非常重视，环保工作上升到了前所未有的国家战略高度，环保一票否决制在各地全面实施。

新五矿加大对传统企业的治理投入，弥补历史欠账，带头执行行业标准，逐一排查企业落实情况，坚决淘汰关闭不符合生态保护要求的企业。

守住环保底线，实现绿色发展。绿色发展将是未来国内乃至全球金属资源及冶炼加工企业生存发展的重要准则。五矿集团要求，矿山和冶炼加工企业要通过技术攻关、装备升级有效解决污染防治问题。冶金建设和矿山建设企业要加大在环保、污染治理方面的研发投入力度，着力培育新业务增长点，推动行业绿色健康发展。

千帆竞发　逐浪前行

——改革开放 40 年国有企业迈向高质量发展

新华社记者　王希

　　国有企业改革是我国经济体制改革的重要环节。改革开放 40 年来，国企改革迎难而上、矢志不渝，始终坚持党对国有企业的领导，通过一系列理顺体制、完善机制、调整布局等改革探索，努力做好国有企业与市场经济相融合这篇"大文章"。

改革，全方位拥抱市场

　　2018 年 7 月"出炉"的《财富》世界 500 强榜单显示，包括国务院国资委监管的 48 户中央企业在内的 120 家中国企业上榜，并占据榜单前四名中的三席。

　　入选 500 强，这是一度挣扎在亏损线上的"老国企"想都不敢想的事。改革开放初期，汹涌而来的市场经济大潮曾令国有企业手足无措。痛则思变，国企经营者们发现，除了勇敢地走向市场外别无他路。

　　从放权让利、"三年脱困"，到"破三铁"、探索建立现代企业制度，再到正在推进的分类改革、董事会建设、建立长效激励约束机制……一系列旨在推进政企分开、政资分开、所有权与经营权分离的改革落地，不断理顺政府与企业关系，促使国有企业真正成为自主经营、自负盈亏、自担风险、自我约束、自我发展的独立市场主体。

激烈的竞争中，昔日的"呛水者"正成长为融入市场的"弄潮儿"、经济社会的"顶梁柱"：

看规模实力——截至 2017 年底，全国国资监管系统企业资产总额达到 160.5 万亿元，其中中央企业资产接近 55 万亿元。2018 年上半年，央企营收、利润持续快速增长，创历史最好水平。

看竞争力——不少国有企业已迈进或接近世界一流企业阵营，在载人航天、深海探测、高速铁路、智能电网等领域取得了不少具有世界水平的重大科技创新成果，掌握了一批关键核心技术。

看发展质量——央企公司制改制基本完成，绝大部分建立起了规范的董事会，治理结构更完善；战略重组扎实推进，央企户数从国资委成立时的 196 户调整至 96 户；2017 年以来央企利润增速"跑赢"营收增速，资产负债率稳步下降。

"推动国有资本做强做优做大""加快培育具有全球竞争力的世界一流企业""国有企业要通过改革创新，走在高质量发展前列"……站在新的历史方位上，国企改革面临新任务，破解改革推进不均衡、部分地区和企业改革动力不足等问题的紧迫性也更加凸显。

一篙松劲退千寻。"不论是全方位的深化改革，还是打造世界一流企业，都是一个动态的过程，如逆水行舟、不进则退。"国资委主任肖亚庆说，国企改革不能停，也不会停下来。

创新，打造"国之重器"

2018年7月9日，我国长征二号丙运载火箭从酒泉卫星发射中心，以"一箭双星"方式将两颗巴基斯坦卫星送入预定轨道。这也是"长二丙"火箭时隔19年重返国际商业发射服务市场。

核心技术买不来、等不来，只有自己干出来。

作为建设世界科技强国的骨干力量，近年来国有企业特别是中央企业瞄准中高端、全力谋转型，通过强化考核政策、完善激励制度、加强人才队伍建设、推进技术资本结合等一系列举措，不断打通创新血脉。

从"慧眼"卫星遨游太空、C919大型客机飞上蓝天、首次海域可燃冰试采成功，到洋山四期自动化码头正式开港、"复兴号"高铁投入运营……重大科技创新成果、重大工程建设捷报频传的背后，凝聚着国企大力实施创新驱动发展战略的努力。

2018年7月，中央工业企业全部建立起国家级研发机构。央企研发经费约占全国研发经费支出总额的四分之一，获得国家科技奖励约占同类奖项总数的三分之一。

在加大投入突破关键核心技术的同时，国企创业创新成效显著。截至2017年底，央企共搭建各类"双创"平台970个，建成实体孵化器和科技产业园区271个，成立各类创新发展基金200多支。

创业创新与科技突破相辅相成，正成为助推国企高质量发展的新动力源。

开放，锻造竞争新优势

中国五矿旗下澳大利亚杜加尔河锌矿 2018 年 5 月 1 日实现商业化生产。这个跻身全球前十大锌矿的项目，从建成投产到商业化生产用时不到 6 个月，展示了企业不俗的国际矿业开发运营能力。

改革开放以来，国有企业以积极的姿态不断加强与全球企业合作，以开放促改革、促发展、促创新，有不少成功实践。

改革开放初期，中央企业对外经营性投资基本从零起步。到 2017 年底，央企境外单位逾 9100 户、资产总量达到 7 万亿元，投资与业务已遍布 185 个国家和地区。其中，在"一带一路"沿线，央企在基础设施、产能合作等领域投资合作项目有 1700 多个。

在"走出去"与"引进来"协调发展中，国有企业不仅增强了自身活力、扩展了发展空间，也造福了投资东道国和世界人民。

当前，国际经济形势复杂严峻、不确定性上升，国有企业国际化更难、风险更多。

"我们既要坚持底线思维，把困难想得足一些；又要积极应对、主动作为，关键是把自己的事情办好。"国资委党委书记郝鹏表示，下一步要把提高企业效益、增强竞争力、实现国有资产保值增值作为国企党组织工作的出发点和落脚点，落实党中央国务院在持续扩大对外开放等方面的部署，进一步夯实企业高质量发展基础。

第五章

成就 · 经验

面对近几年全球金属矿产市场深度调整的巨大挑战，新中国五矿按照"两年止血、三年造血"的思路和部署，加快推进整合融合，积极应对风险与挑战，果断处置隐患和问题，狠抓指标、狠抓责任、狠抓落实，不懈努力。

目前，中国五矿主要金属资源量为铜3042万吨，锌1270万吨、镍132万吨、钨165万吨、铁43亿吨，钨、锑、铋位列全球第一。

中国五矿与中冶集团"互补式重组"三年来，成就突出，经验宝贵。

三年，眨眼之间。

在人们的观望乃至质疑中，20万五矿人用血和汗水，再造奇迹，重铸辉煌。

◎三年两翻番：高水平超预期实现"第二步"任务

新中国五矿重组三年来，深入贯彻落实习近平新时代中国特色社会主义思想和党的十九大精神，大力践行高质量发展要求，成功战胜内外部风险挑战，不断做强做优做大"四梁八柱"业务体系，全年经营业绩再次刷新历史纪录，圆满完成国务院国资委考核任务，高水平超预期实现"三步走、两翻番"第二步任务，价值创造能力、行业地位、发展质量全方位大幅度提升。

"三步走、两翻番"第二步圆满收官

新五矿始终坚持"发展是第一要务"，快速崛起、加速攀升。

2016年新中国五矿实现利润总额40亿元，扭亏为盈，顺利渡过了最危险、最困难的时期。

2017年底，在2016年盈利40多亿元的基础上翻一番，完成了止血控亏、改组改造的过渡期任务。

截至2018年年底，新五矿实现营业收入突破5000亿元大关。中国五矿管理的资产规模达到1.86万亿元，同比增长10.6%。其中金属矿产营业收入完成国务院国资委考核任务的110%，工程业务营业收入同比增长18.3%。

中国五矿实现当期利润总额再创新高，利润同比增长16.5%。所属中冶集团五矿资本等发展势头强劲，五矿资本创利37亿元，五矿国际创利32亿元，中冶置业创利30亿元，五矿地产创利21亿元，中国五冶、中冶建工、上海宝冶、中钨高新、中国十七冶、中冶南方、中国一冶、中国恩菲、宝钢技术、中国二十冶创利均超过5亿元。

运营效率不断提升。销售利润率同比提高0.4个百分点。实现经营性现金流连续第四年大幅净流入。

资产结构持续改善。2018年末，集团公司管理的资产规模达到1.86万亿元，同比增长10.6%，其中，资产总额同比增长6.6%，管理金融资产同比增长14.7%。所有者权益同比增长16.7%。

"三步走、两翻番"第二步圆满收官。

矿产资源保障能力不断加强

新五矿坚定推进整合融合，大而不散、合力显现。新中国五矿率先打通了从资源获取、勘查、设计、施工、运营到流通的全产业链通道。合而不乱、合而不散，充分发挥比较优势、扬长避短，瞄准产业间关系和业务协同潜能，创造性提出打造千亿内部市场，从业务协同、到业务整合、再到人员交流、文化融合，走出了独具特色的"互补式重组"之路。

新五矿连闯"四大关隘"、全力"处僵治困"，建设"五大项目"、培育新增长点，调整优化直管企业架构、夯实主体责任，直击要害精准发力，既解决了一批长期想解决而没有解决的问题，又办成了一批过去想办而没有办成的大事。

新五矿坚守金属矿业护国报国使命，大力加强海外矿山运营管理和中西方管理团队融合，狠抓产量提升和成本控制，国内外矿山运行质量稳步提升。

秘鲁邦巴斯铜矿全年生产铜精矿含铜 38.5 万吨，稳居全球前十。澳大利亚杜加尔河锌矿提前两个月进入商业化生产，全年生产锌精矿含锌 15 万吨，进入全球前十，全维持成本优于可研报告，有力支撑集团公司重返世界级锌矿商队列。中冶瑞木镍钴矿持续高产稳产，达产率 108.4%，镍、钴金属产量双双创出新高。APEC 会议期间，在习近平总书记和巴布亚新几内亚总理见证下签署扩产项目合作协议。五矿矿业和鲁中矿业全年生产铁精矿稳居国内独立铁矿山前两位，完全成本继续保持下降趋势。中钨高新全年钨精矿产量超过 1.93 万吨，稳居全球第一。巴基斯坦杜达铅锌矿、山达克铜矿，刚果（金）金塞维尔铜矿，澳大利亚罗斯伯里铅锌矿，湖南水口山铅锌矿、瑶岗仙钨矿、柿竹园钨多金属矿都有新的改善和提升。

坐落在安第斯山脉秘鲁境内，海拔 4000 米以上的中国五矿拉斯邦巴斯铜矿

一个轮胎 5 吨重、车载 400 吨的"巨无霸"矿车

冶金建设国家队再拔尖再拔高再创业

新五矿人激情工作、忠诚担当，各级领导干部既作表率又作推动，一大批好干部"站要位""把关隘""挑大梁"，广大干部职工以强烈的爱岗敬业爱企情怀，一天也不耽误、一天也不懈怠，一门心思干工作、一股劲头往前冲，形成了"干部领跑、团队奋进、一马当先、万马奔腾"的大好局面。

作为世界排名第一的冶金建设国家队，新五矿以独占鳌头的核心技术、持续不断的革新创新能力、无可替代的冶金全产业链整合优势，实现绿色化、智能化的更高质量发展，一大批关键核心技术得到突破，一大批研发成果得到应用，以技术创新驱动的全球 EPC 服务水平更高更强。冶金建设业务稳占全球市场的 60%、国内市场的 90%，几乎包揽了全球所有大中型绿地钢铁设计建设项目和国内所有环保搬迁、节能减排和产业升级的战略性项目；作为基本建设主力军，聚焦"高端、高技术、高附加值、大规模"的"三高一大"项目，集中发力抢占高端市场；作为新兴产业领跑者，以独具特色的技术优势大幅提升品牌影响力。中冶集团新签合同额迭创历史新高，其中新签 5 亿元以上合同同比增长 17%，实现量质齐升。

冶金工程业务中标河钢、宣钢、首钢等一大批国内重点钢铁企业项目，先后拿下越南和发、印尼德信、马来西亚新武安三大绿地钢铁项目和印度塔塔二期焦化项目，签署澳大利亚 LPS 新建钢铁项目可研合同，全年新签合同额同比增长 41.5%，继续保持市场绝对优势地位。基本建设业务中标沙特千亿美元保障房一期、新加坡地铁 T311 等国外一批有影响力的重大项目；承担 2022 年冬奥会核心重点工程——国家雪车雪橇中心项目、兰州柴家峡黄河大桥、贵州高速公路 PPP 项目等国内多个重点关注项目，在超高层建筑、大型场馆、电子厂房、轨道交通等多个领域继续打响中冶品牌。新兴业务环保工程新签合同额同比增长 140%，地下综合管廊业务市场业绩、行业标准、专利数量继续保持行业第一，主题公园中标北京环球影城、贵阳恒大"童世界"、印尼 MNC 等重大项目，海内外多点开花，美丽乡村、智慧城市、海绵城市、康养产业等都收获颇丰。

重塑贸易体系

新五矿乘新一轮对外开放大势，按照国文清总经理提出的"两头在外、两头上锁、大进大出、封闭循环"的贸易战略要求，牢牢扎紧风险口子，着力开拓具有行业影响力的大商品大客户大项目，对上游资源的控制力和下游用户的影响力稳步增强。

五矿国际依托"资源＋贸易"协同发力，大幅提升矿产品业务规模，2018 全年铜精矿贸易量历史性突破 100 万吨，进入世界一流贸易商阵营。五矿发展深入研究顶层设计，持续优化整合分销物流网络渠道，不断锤炼产业链综合服务能力，稳定获取对外依存度高的钢铁原料资源，铁矿砂和钢材贸易量稳步增长。五矿稀土锑锭海外销售同比增长超过 200%，跃居北美第一大锑品供应商。集团公司在首届中国国际进口博览会上，与智利铜业、波兰铜业、住友金属等签署多个商品的长期采购合同，合同额近千亿元，

中国十九冶承建的印尼塔岛铁矿
项目——选矿厂全景

与必和必拓、力拓、淡水河谷、FMG 等世界矿业巨头的合作得到加深和拓展。

多元产业布局

为有效平抑矿业周期波动影响，新五矿始终坚持适度多元、多业并举、多点支撑，发展韧性不断增强、承载能力更加宽厚、回旋空间进一步扩大。金融、地产等各项业务保持合理的健康发展态势。

五矿资本充分发挥平台管控功能，更加注重风险防控和隐患排查，五矿信托利润总额同比增长 47%，五矿证券行业评级从 BB 级提升至 BBB 级，五矿经易期货大力拓展金属商品期现结合业务，成为上海期货交易所首批"铜期权"做市商。创投公司成功组建 115 亿元规模的新能源新材料基金，加快推进新的双创基金项目，着手组建规模最大的金属矿业基金。中冶建信基金自成立以来已累计完成总投资额超过 1000 亿元，保持稳健增长。香港控股以确保集团公司境外资金安全与收益为第一使命，风险敞口全部锁定，当期收益率超出市场平均水平。五矿地产不断创新营销组合模式，持续加大资金回笼力度，荣获"2018 中国年度影响力地产企业"称号。中冶置业加快向城市开发运营商转型升级，入选"中国房地产企业品牌价值 10 强"。

新动能项目建设超预期完成

中国五矿前瞻把握行业发展大势，统筹调集全集团力量，以"一天也不耽误，一天也不懈怠"的精神昼夜奋战，新能源材料板块共完成投资超百亿元，提前实现从资源到技术的全产业链布局，成为未来发展新的增长点。

中冶瑞木新能源三元前驱体项目 2018 年 12 月 22 日建成投产，创造和刷新了多项行业纪录，应用企业内部自主研发专利 40 多项。

长远锂科电池材料项目 2018 年 12 月 28 日如期投产，新项目产能比原计划扩大了 50%，智能仓库技术顺利通过工信部立项，在行业内率先实现了工艺水回用及工艺废水零排放，树立了所在行业智能化、绿色化工厂的标杆。

五矿盐湖碳酸锂项目仅用 8 个月完成从开工建设到第一批合格产品下线。氯化钾项目实现当年投产、当年达产、当年见效，在人迹罕至的戈壁滩上创造了"五矿速度"。

湖南有色水口山铜铅锌产业基地项目 2018 年 12 月 26 日锌系统正式投产，创造国内外同类型项目建设最短工期纪录，有力推动集团公司在湘产业转型升级。

五矿发展曹妃甸国际矿石交易中心项目克服重重障碍全面启动，在冬季上冻前快速完成地面打桩，项目正式开工建设，为 2019 年 10 月顺利建成打下坚实基础。

科技创新成果亮点纷呈

截至 2018 年年底，中国五矿共拥有国家级重点实验室和科技研发平台 37 个，位居央企前列；累计有效专利达到 2.7 万余件，继续稳居中央企业第四位；2018年荣获3项国家科技奖、16项中国有色金属工业科学技术奖、18项冶金科学技术奖。中冶焦耐牵头完成的"清洁高效炼焦技术与装备的开发及应用"项目获得国家科技进步一等奖。

成功组织实施国际海底合同矿区2018年度航次勘探工作，长沙矿冶院和长沙矿山院牵头完成"多金属结核集矿系统500米海试"和"富钴结壳2000米级水深取样试验"，突破多项核心关键技术瓶颈，跻身国际前列水平。中钨高新所属株硬公司成功导入集成产品开发体系，全面革新产研销合作机制，大幅缩短新产品上市时间、提升了新产品产销规模，新产品贡献率达到30%。

"处僵治困"任务落地，瘦身健体任务全面完成

重组三年，中国五矿加快处置低效无效资产、全力压缩管理层级、逐步剥离企业办社会职能，2018年5月全面实现管理层级4级、法人层级10级、法人户数减少比例超过20%，如期完成国务院国资委"压减"工作考核任务。以政策窗口为倒逼，完成49万户职工家属区"三供一业"分离移交主体工作和一系列办社会职能改革工作，解决了大量历史问题和包袱。以"子企业不消灭亏损，集团公司就消灭亏损企业"为硬杠杠，以历史上最大力度、最大投入治理亏损，取得最显著效果，经过三年不懈努力，104户任务企业按照国务院国资委要求全面实现主体达标，多个长期流血不止的"老大难"企业得到根本性解决。湖南有色所属水口山公司全面改革脱困。

各类隐患问题有序化解

中国五矿深入落实打赢"三大攻坚战"部署要求，始终坚持"贡献决定发展，风险决定成败"理念，紧盯两个"堰塞湖"和风险高发领域，强化体系建设和监督检查。

通过控总量、严投资、调结构、增积累一系列"组合拳"，降杠杆控负债化解系统风险，2018年末带息负债总额同比减少199亿元。

挂牌成立"清欠办"，重点加强逾期应收款项"铁腕"清欠力度，存量逾期应收款项大幅减少。

全面变革资金管理系统，实现全级次单位账户信息可视、流程可控，境内银行账户上线率达到100%、银企直连率基本达到100%，可归集资金集中度达到94%，受限资金存量规模大幅压降，逐步解决"存贷双高"问题。

搭建PPP业务和境外项目风险防控工作体系，制定中美贸易摩擦应对方案，开展金融业务全面风险自查。

成立中国五矿法治建设领导小组，推动法治建设第一责任人制度落地见效。加强审计体系建设，将外审嵌入内审体系管理。

把安全生产融入企业基础性管理，安全生产意识和管理稳步提升。

扎实推进节能减排，提前圆满完成国务院国资委下达第五任期节能减排考核任务，首次荣获国家级环保突出贡献奖。

重组三年来，新五矿始终坚持以党的领导为根本的方向导向，坚持以经济建设为中心的工作导向，坚持以企业发展员工增收为目标的价值导向，牢记习近平总书记"把人民放在心中最高位置"的教导，圆满完成了党中央、国务院、国务院国资委交给的各项工作任务。形成"五矿模式"的典型样本，走出国企改革的成功道路，成为屈指可数的具有全球竞争力的矿业航母，更好地承担使命责任、维护国家利益、执行国家战略，为中国综合国力提升作出应有贡献，为中国成为资源强国保驾护航。

◎六条重要经验

2019年，是共和国成立七十周年。

伴随共和国走来的中国五矿，历经沧海桑田，尤其是过去三年的重建、重塑，喜获重生。

七十年沧桑巨变，上千个日日夜夜……奋起之路上，人们收获的不仅是成绩，更有经验和启示。

以积极践行习近平新时代中国特色社会主义思想、不断加强党的领导为经营发展总法宝

习近平总书记在中央经济工作会议上再次强调，"坚持把发展作为党执政兴国的第一要务"。几年来，中国五矿紧紧跟随、一招不拉、全面落实，坚决两个忠诚，对党绝对忠诚，对人民绝对忠诚。紧紧抓住发展不动摇，以积极践行习近平新时代中国特色社会主义思想、不断加强党的领导为经营发展总法宝。始终以高质量发展为聚焦点、以业绩导向为落脚点，解决了坚持什么样的发展和

如何实现发展的问题。从历史谷底奋力崛起，经营业绩从亏损 182 亿元到"三年两翻番"，中央企业负责人经营业绩考核结果从 D 级跃升至 A 级，世界 500 强排名从 198 位上升到 109 位。国务院国资委给予高度评价，认为重组后的新中国五矿取得了超预期的发展成就。

党的十八届三中全会后，国有企业进入改革深水区加速期，急需优化布局结构、提升资源配置效率。一方面行业集中度低，恶性竞争严重，"小舢板搭不成航空母舰"；另一方面一些企业规模很大，但大而不强，"虚胖浮肿"、效率低下。国内外不断有人"唱小唱没"国企、指责"国进民退"和"国企垄断"，在这种舆论氛围下，国企发展出现理论模糊、政策摇摆，底气不足、信心动摇，一时间只敢提"做强做优"，失去了"做大"的勇气和动力。

在国有企业发展的关键时刻，习近平总书记再一次举旗定向，在 2015 年 7 月赴吉林调研期间旗帜鲜明提出，"要坚持国有企业在国家发展中的重要地位不动摇，坚持把国有企业搞好、把国有企业做大做强做优不动摇"。随后在 2016 年 7 月全国国有企业改革座谈会上，总书记进一步作出重要指示，"国有企业是壮大国家综合实力、保障人民共同利益的重要力量，必须理直气壮做强做优做大"。

谈起习近平新时代中国特色社会主义思想的践行，国文清颇有感触地说，习近平总书记的讲话正音定调，一举扫清了困扰国有企业发展的观念障碍，彻底改变了当时不敢讲做大的舆论氛围，

　　将思想校正到规模大与能力强质量优相容相促的正确轨道上来，将思想统一到做强做优做大三者不可分割的正确逻辑上来；一举阐明了壮大国有经济的必由之路，靠小企业不行、靠零敲碎打不行、靠低端业务不行，必须集中打造一大批具有强大实力和竞争力的国有骨干企业；一举指出了国资国企改革的发力方向，国有企业改革不是改小了、改弱了、改没了，而是要做强做优做大。这一重大论断在更高层次上促进了国有资本合理流动和资源优化配置，为国有企业持续发展开辟了无限广阔的空间。

　　中国五矿与中冶集团两家世界 500 强企业战略重组就是落实习总书记讲话精神、"做强做优做大"国有企业的有力践行。新中国五矿在全球金属矿产领域率先打通了从资源获取、设计施工、开发运营、冶炼加工到流通服务的全产业链通道，成为中国最大、国际化程度最高的金属矿产企业集团，成为当时中国金属矿产领域唯一的国有资本投资公司。

　　为推动重组后企业实现大发展，五矿集团在重组后的第一个年度工作会议上就提出"三步走、两翻番"目标，在企业发展的关键时刻起到了强有力的引领作用。

　　为从根本上解决重组后企业面临的难题，中国五矿采取一系列扎实有效的举措：针对原五矿带息负债规模大、资产质量不高、亏损严重的问题，提出全面加强资金管理，严控带息负债规模，坚决堵住"出血点"，确保"两年止血、三年造血"；针对原五矿贸易业务存在围着业务员和个体户转、风险隐患大、风险事件不断爆发的问题，提出按照"两头在外，两头上锁，大进大出，封闭循环"的十六字方针重塑贸易体系，有序消化历史遗留问题，没有再发生新的风险事件；针对原五矿海外管理力度不足的问题，积极推进 MMG 管理变革，把中方管理智慧深度嵌入到国际化经营中，海外资源开发经营能力显著提升，邦巴斯铜矿满产运行，杜加尔河锌矿成功建成投产，分别跻身世界前十大铜矿、锌矿之列；针对中冶集团面临冶金建设市场萎缩的问题，提出施工企业是"钱袋子""腰杆子"，继续坚持"到有鱼的地方撒网，到有草的地方放羊"的市场开发思路，大力开拓市场，工程项目新签合同额连上台阶。

为切实推进供给侧结构性改革，中国五矿深入落实习近平总书记提出的"调整产业结构要更加注重加减乘除并举"的重要要求，以瘦身健体、苦练内功做减法，实现资产优化；以精简机构、减员分流做除法，实现精干高效；以重大项目为突破口做加法，三大新材料项目、曹妃甸国际矿石交易中心项目陆续上马，发展后劲持续增强；以打造千亿内部市场做乘法，全面推动全产业链业务深度融合、协同互补，释放出千亿级规模的内部市场红利，走出了一条央企间互补式重组新道路。

环环相扣、招招不落，中国五矿集团公司经营管理逐渐步入正轨，经营业绩步步提升，实现一个又一个新突破。2016 年重组当年实现盈利，2017 年提前超预期完成各项目标，营业收入、利润总额双双创出历史新高，"三步走、两翻番"实现良好开局，迈出了坚实精彩有力的第一步。

以战略引领为发展先导

新五矿以战略引领为先导，把握大势、乘势而上。坚持企业实际与行业规律相结合，坚持主要矛盾与阶段性特征相贯通，从最初的"两年止血、三年造血"的阶段性要求，到"三步走、两翻番"的发展目标，再到"四梁八柱"业务体系的有力支撑，环环相扣、紧密衔接、梯次推进。

大家普遍认为，中国五矿几年的发展方向是明确的、目标是明确的、导向是明确的。实践取得的显著成果充分印证了"三步走、两翻番"判断精准、思路正确，完全符合新中国五矿"中国第一、世界一流"的发展定位。它的现实意义在于使新中国五矿这艘航船在风高浪急、大雾迷茫之时找到了"航标"，它的深远影响在于使企业的战略路径与企业责任、行业地位、国家使命高度统一，站稳了"中国第一、世界一流"中央企业的立场和脚跟。

以做强主业为发展根本

中国五矿和中冶集团两家企业重组后，形成八大业务板块，新中国五矿以发展为第一要务，不断强化问题导向，夯实主业基础，明晰各业务发展规律和发展路径，找到差异化竞争优势，从根本上支撑新中国五矿不断取得一个又一个漂亮业绩。

新五矿集团公司战略发展部在起草"十三五"规划时，描述了八大业务板块，包括金属矿产主业五大构成和新兴多元主业三大领域，它们分别是：矿产资源开发、金属冶炼加工、新材料、冶金工程与相关装备、金属矿产品流通，以及金融服务、地产综合开发、基础设施与新型城市化建设。金属矿业是集团公司的核心主业，冶金建设为全行业服务、为金属矿业服务，是金属矿业的重要组成部分。在强化金属矿业核心主业的过程中，新五矿大力加强绿色矿山运营开发，实现金属矿业新突破，坚持挖掘存量与获取增量并举，强化全生命周期管理，强化全产业链运作，实现资源有序接替和金属矿业"含金量"提升。

积极筹划、主动对接，大力获取一流资源。加强运作、加快建设，充分发挥资源价值。强化基础、优化运营，持续增强成本竞争力。矿业的核心竞争力是成本。新五矿在源头上，强化关键指标预算控制，全方位对标挖潜；过程中，强化运营管理不放松，大幅缩减管理机构和人员；结果上，强化事后监管，定期组织专家团队开展效率评估。

以整合融合为发展杠杆

新五矿发挥全产业链优势，有效整合与共享各企业资源，推动企业内部整合融合，释放企业重组红利，完成从业务整合、管理统一到人员融合、文化认同的整合四部曲，整合融合是中国五矿三年迈出三大步的最重要的新动能生产要素。

新中国五矿坚定推进整合融合，以整合融合为发展杠杆，大而不散、合力显现。率先打通了从资源获取、勘查、设计、施工、运营到流通的全产业链通道。合而不乱、合而不散，充分发挥比较优势、扬长避短，瞄准产业间关系和业务协同潜能，创造性提出打造千亿内部市场，从业务协同、到业务整合、再到人员交流、文化融合，走出了独具特色的"互补式重组"之路。

以供给侧结构性改革为时代抓手

推进供给侧结构性改革是党中央着眼于我国经济发展全局提出的重大战略安排。新中国五矿严格按照党中央要求，紧紧抓住新一轮改革的时代契机，加快推进供给侧结构性改革，以外部供给侧改革推动内部资源配置效率的大幅提升，坚决落实五大任务，去除无效供给和历史包袱，扫清障碍，重新塑造企业竞争力。

金属矿产行业是落实供给侧结构性改革要求，去产能、调结构、提质量的重要领域。中国五矿结合自身实际认为，供给侧结构性改革的核心要义就是全面提高供给质量，一方面以去产能、去库存、去杠杆、降成本、补短板为重点，去除无效供给和历史包袱，夯实企业发展基础；另一方面要以升级创新为引领，挖掘企业内外部潜力，着力增加高端供给，不断满足甚至引领市场需求。几年来，中国五矿围绕供给侧结构性改革取得了扎扎实实的成绩。

新五矿坚决落实"五大任务"："去产能"——突出处置僵尸及特困企业；"去库存"——紧紧围绕降"两金"占用；"去杠杆"——重点解决高负债率问题；"降成本"——明确成本线就是生存线；"补短板"——着重对标新使命提升管理水平。

针对国有资本投资公司这一国家赋予的新角色新使命，中国五矿通过内部剖析、深入讨论，认为企业当前较为突出地存在着管理层级过长、风险隐患较多，基础管理不扎实、总部不够权威高效等短板，提出要以深化改革为载体，强化管理管控，守住风险底线，全面提升企业运行效率。

建立健全集团层面法人治理机制，推动总部机构改革，提升管理权威性。构建"大监督"体系框架，提升管理可控性。坚决压减层级和法人单位，提升管理穿透力。全面推动责任套牢，提升管理执行力。

中国五矿不仅通过供给侧结构性改革解决自身长富久安和持续发展的问题，还要承担提高产业发展质量和引领产业发展新方向的使命。为了更深、更广、更高水平地融入全球供给体系，在全球市场中竞争取胜，中国五矿着重从以下三个方面提升自己的高端供给能力：全面提升全产业链竞争力，加快走出去提升国际竞争力和影响力，实施创新驱动提升科技创新实力。

新中国五矿以供给侧结构性改革为时代抓手，通过实践，获得了扎扎实实的成绩，验证了供给侧改革是在全面分析国内经济阶段性特征的基础上调整经济结构、转变经济增长方式的治本良方。

以管理变革为重要手段

新五矿持续推进管理变革，向改革要动力、向管理要效益，打造与国有资本投资公司相匹配的管理体系。

新五矿以习近平总书记"两个一以贯之"为统领，坚定不移加强党对国有企业的领导，把党的领导融入公司治理各环节，建立健全中国特色现代国有企业制度，推动国有资本所有权与企业经营权分离，探索出一条改革国有资本授权经营体制的有效实现路径。

新五矿健全完善集团公司层面法人治理体系，形成有效制衡的治理结构。按照打造"价值总部、优强产业"的思路，改革完善总部职能和业务架构。持续开展集团总部职能改革，强化产业研究能力、战略引领能力、资本运作能力。按照以"管资本"为主的总方针，实施差异化分类授权和监管。坚持放管结合、强化监管，建立"大监督"体系，实现"集权有道、分权有序、授权有章、用权有度"，确保权力规范运行，国有资本有效监督。

已走过千山万水，但仍需跋山涉水——

"看到成绩的同时，我们还要保持清醒的头脑，看到自身的问题和不足。"人们欣喜地看到，中国五矿负责人仍然保持着清醒的头脑，总经理国文清在集团公司 2019 年度工作会上指出了六大问题和不足之处：

一是盈利稳定性持续性不强。

二是产业竞争力不强。

三是子企业发展不平衡不协调。

四是两个"堰塞湖"风险仍然存在。

五是体制机制改革推进力度不够。

六是干部的作风建设和能力建设还需加强。

……

"这些问题，我们要用历史的眼光来看、用发展的眼光来看，用危机的意识、紧迫的态度，抓住'第三步'可以腾挪的空间，抓住效益压力较为宽松的时机，认真加以解决。"

成功的经验，坚定砥砺前行的五矿信心；问题的清晰，更是照亮人们前行的道路。

人们坚信，在习近平新时代中国特色社会主义思想指引下，新五矿以"竞争力提升"新成效创造新胜利，坚定不移走高质量发展之路，向着打造"世界一流"金属矿产企业集团的目标全力前进，必将创造新辉煌，跃上新高度，为决胜全面建成小康社会第一个百年奋斗目标贡献"五矿力量"！

互补式重组第三年，
中国五矿 2018 年交出亮丽答卷

人民网记者　王静

　　我们从中国五矿集团有限公司（以下简称"中国五矿"）年度工作会上获悉，2018年中国五矿实现营业收入5032亿元人民币，实现利润同比增长16.5%，全年经营业绩再次刷新历史纪录，经营质量显著优化，圆满完成国务院国资委考核任务。中国五矿董事长、党组书记唐复平在接受记者采访时指出："2018年，中国五矿深入贯彻习近平新时代中国特色社会主义思想和党的十九大精神，不忘初心、牢记使命、积极担当、开拓进取，自觉将企业发展融入中央战略布局，紧紧围绕大局、时时聚焦大局，采取一系列有效举措全面落实党中央、国务院及国务院国资委各项部署要求，取得显著发展成效和历史最佳经营业绩。"

　　2018年是中国五矿与中冶集团"互补式重组"的第三年，也是融合渐入佳境、互补效应更加涌现的一年。从中国五矿总经理、党组副书记国文清所做的工作报告中可以看到，重组后，这家中国最大的金属矿产企业拥有强劲的发展势头，重组带来的金属矿业全产业链业务组合正在给公司提供着强劲的支撑，公司的发展韧性不断增强、承载能力更加宽厚。

2018 年，中国五矿营业收入稳定增长，突破 5000 亿元大关，实现 5032 亿元总营业收入，其中金属矿产与工程业务两大核心主业贡献占绝对优势；运营效率不断提升，销售利润率同比提高 0.4 个百分点，实现经营性现金流连续第四年大幅净流入；资产结构方面，2018 年中国五矿资产结构持续改善，2018 年末，公司管理的资产规模达到 1.86 万亿元，同比增长 10.6%，其中，资产总额同比增长 6.6%，管理金融资产同比增长 14.7%。所有者权益同比增长 16.7%，资产负债率持续下降，2018 年末带息负债总额同比减少 199 亿元。

国文清高度评价过去一年工作，他指出："2018 年，中国五矿大力践行高质量发展要求，成功战胜内外部风险挑战，不断做强做优做大'四梁八柱'业务体系，全年经营业绩再次刷新历史纪录，圆满完成国务院国资委考核任务，高水平超预期实现'三步走、两翻番'第二步任务，价值创造能力、行业地位、发展质量全方位大幅度提升。"

记者了解到，2018 年，中国五矿矿产资源、工程承包、金融房地产等核心主业成绩突出，对公司 2018 年业绩起到了强劲的支撑作用。

全球矿山资源贡献稳定突出。秘鲁邦巴斯铜矿全年生产平稳高效；澳大利亚杜加尔河锌矿提前两个月进入商业化生产，全维持成本颇具竞争力。中冶瑞木镍钴矿持续高产稳产，镍、钴金属产量双双创出新高。五矿矿业和鲁中矿业全年生产铁精矿稳居国内独立铁矿山前两位。中钨高新管理企业钨精矿产量超过 1.93 万吨，稳居全球第一。目前，中国五矿主要金属资源量为铜 3042 万吨，锌 1270 万吨，镍 132 万吨，钨 165 万吨，铁 43 亿吨，钨、锑、铋位列全球第一。

工程承包加速发展，"一带一路"成绩亮眼。所属中冶集团冶金建设业务稳占全球市场的 60%、国内市场的 90%，几乎包揽了全球所有大中型绿地钢铁设计建设项目和国内所有环保搬迁、节能减排和产业升级的战略性项目；冶金工程业务中标河钢、宣钢、首钢等一大批国内重点钢铁企业项目，先后中标越南和发、印尼德信、马来西亚新武安三大绿地钢铁项目和印度塔塔二期焦化项目，签署澳大利亚 LPS 新建千亿吨钢铁项目可研合同，全年新签合同额同比增长 41.5%，继续保持市场绝对优势地位。基本建设业务中标沙特千亿美元保障房一期、新加坡地铁 T311 等国外一批有影响力的重大项目；承担 2022 年冬奥会核心重点工程——国家雪车雪橇中心项目、兰州柴家峡黄河大桥、贵州高速公路 PPP 项目等国内多个重点关注项目。新兴业务环保工程新签合同额同比增长 140%，地下综合管廊业务市场业绩、行业标准、专利数量继续保持行业第一。

资源贸易不断拓展。2018 年，中国五矿依托"资源＋贸易"协同发力，大幅提升矿产品业务规模，全年铜精矿贸易量历史性突破 100 万吨；锑锭海外销售同比增长超过 200%，跃居北美第一大锑品供应商。中国五矿在首届中国国际进口博览会上，与智利铜业、波兰铜业、住友金属等签署多个商品的长期采购合同，与世界矿业巨头的合作得到加深和拓展。

金融房地产业务贡献卓越。2018年，中国五矿进一步优化多元业务布局，多元业务发展提质增速，金融、地产等各项业务保持合理的健康发展态势，为平抑矿业周期波动做出了重大贡献。

据了解，2018年中国五矿在培育新项目方面，接连上马了中冶瑞木新能源三元前驱体项目、长远锂科电池材料项目、五矿盐湖碳酸锂项目、湖南有色水口山铜铅锌产业基地项目、五矿发展曹妃甸国际矿石交易中心等项目，成为国内为数不多的拥有锂电多元材料前驱体和多元锂电正极材料完整产品体系的生产企业，提前实现从资源到技术的全产业链布局，全年新能源材料板块共完成投资106亿元。

科技创新方面，2018年是中国五矿的又一个丰收年。截至2018年底，中国五矿共拥有国家级重点实验室和科技研发平台37个，位居央企前列；新申请专利8383件，新获授权专利4641件，累计有效专利达到27046件，继续稳居中央企业第四位；荣获3项国家科技奖、16项中国有色金属工业科学技术奖、18项冶金科学技术奖。所属中冶焦耐牵头完成的"清洁高效炼焦技术与装备的开发及应用"项目获得国家科技进步一等奖。成功组织实施国际海底合同矿区2018年度航次勘探工作，牵头完成"多金属结核集矿系统500米海试"和"富钴结壳2000米级水深取样试验"，突破多项核心关键技术瓶颈，跻身国际前列水平。

此外，2018年中国五矿在国有资本投资公司试点改革方面动作连连：围绕国有资本投资公司定位，中国五矿着力规范总部决策事项和决策流程，重塑管理体系，"权责利"进一步实现制度化和清单化；着力调整直管企业布局，理顺管理权和股权关系，实施"双百行动"，建立专职董监事工作体系，企业市场主体地位进一步凸显。围绕重组整合需要，集中破除技术性壁垒，推进一批干部人才交流，推进一批同质化业务整合，推动各类要素资源有效配置、有力聚合，重组整合成功迈出实质性步伐。唐复平对此评价到："推进试点工作和重组整合是我们最大的改革任务和必须做好的改革课题，2018 年，中国五矿正在以生动实践探索深化国企改革的'五矿模式'。"

特别值得一提的是，2018 年是中国五矿与中冶集团重组的第三个年头。通过包括千亿内部市场等有效措施，中国五矿重组后的融合发展成效显著，企业盈利能力显著增强，资产质量不断夯实，中央企业负责人经营业绩考核结果从 D 级跃升至 A 级，世界 500 强排名从 198 位上升到 109 位，得到了包括国务院国资委等主管部门的高度肯定，认为"重组后的新中国五矿取得了超预期的发展成就"。

中国五矿在报告中也对重组成功的经验进行了总结。"我们还清了很多旧账，解决了很多难题，干成了几件大事，企业业绩的根本性好转，也深刻影响着外部环境的优化和内部活力的涌动，干部员工的思想观念、精神面貌发生了深刻的可喜的变化。"国文清如是表述。总结三年重组成功经验，国文清表示，一是始终坚持"发展是第一要务"，快速崛起、加速攀升；二是突出强化战略引领，把握大势、乘势而上；三是坚定推进整合融合，大而不散、合力显现；四是直面困难矛盾不退缩，瞄着问题去、奔着问题上；

五是聚焦作风建设这一关键，激情工作、忠诚担当。

关于2019年，唐复平重点强调了全面实施"竞争力提升"行动。他表示，建立以契约化管理为核心的市场化经营管理机制，把外部竞争压力充分引入内部，营造内外互通的竞争环境，做到"一切行为方式和规则都围绕市场化要求，一切产出结果和指标都围绕竞争力提升"。通过竞争力提升，达到"公平检验子企业、高效投资子企业，推进内部供给侧结构性改革，促进内部优胜劣汰，实现资源配置和产业结构的优化"的效果。据内部人士透露，作为竞争力提升的重点工作，契约化管理2018年即在五矿内部逐步开始推行，2019年，该项工作从总部职能部门到业务单位将一一对应，完全落实。

此外，中国五矿2019年还将积极探索混合所有制改革，计划"以'双百行动'企业为尖兵，以二三级企业为重点，形成可推广、可复制的改革经验"。

会上，国文清对2019年具体工作进行了部署，提出中国五矿要继续坚定按照"三步走、两翻番"战略引领，坚定完成第三步任务，实现企业稳健发展。他提出了中国五矿2019年要抓好的7方面主要工作，分别是：大力加强绿色矿山运营开发，实现金属矿业新突破；牢牢把握市场重大机遇，推动工程建设再上新台阶；深度融入对外开放大格局，重塑贸易转型新体系；注重金融地产价值创造，增强适度多元新支撑；确保新上项目稳产高产，实现新能源材料新增长；重点推广科技成果转化应用，展现科技创新新活力；大力清除顽疾痼症，筑牢高质量发展新起点等。

　　会上，作为中国最大的金属矿产企业集团，中国五矿对市场趋势进行了预判。中国五矿认为，全球矿业需求总体维持在高位，主要品种供给略小于需求，但受到经济不确定性增大的影响，价格阶段性波动调整力度加大，重点品种走势出现分化。对于钢铁行业，中国五矿认为，中国钢铁行业进入深度调整的关键时期，行业集中度进一步提升，产能置换、绿色化、智能化和"走出去"需求迫切，全球钢铁产业布局结构和发展不平衡带来巨大市场机遇，对技术创新、运营模式、服务模式提出更新、更高的要求。

重塑的不仅是核心竞争力，更是信心和形象

（一）

"中国五矿互补式重组三年所发生的巨大变化，天时、地利、人和，哪个因素大？"

面对笔者的提问，人们的回答几乎都异曲同工，天时、地利、人和的因素都有，不过"人和"更关键，好几个人都不约而同想到了"人努力、天帮忙"。

中国恩菲董事长陆志方说，对于"天时地利人和"，古语讲"敬天敬地敬人"，这是中国传统儒家文化。天时地利人和的首要条件还是文化。要是没有一个好文化、没有领导带头，企业就没有凝聚力了，员工也不会支持你。人努力，天帮忙。机会是给有准备的人。老五矿和中冶集团的融合就是天时地利人和，两家

企业能够互相包容、互相融合。加上拥有强有力的领导和管理层，有一个好的战略文化，这几点缺一不可。高者战略，远者文化，有好的战略，才有好的引领。员工努力干活，再结合好的领导力，那不就是天时地利人和吗？

"五矿过去三年也好、五年也好，'天时'是离不开的，因为金属矿产行业是一个强周期的行业。过去就讲三十年河东，三十年河西，市场起起伏伏，实际上我真的是感同身受，就是说2015年、2016年最低迷的时候，企业真的是就是很绝望，全行业亏损，冶炼企业不用说了，包括矿山企业，都异常艰难，处僵治困、改革转型，都是在这样一个大背景下进行的。"五矿国际总经理办公室副主任刘立煌说。

重组后的中国五矿能取得"三年两翻番"的惊人成绩，天时、地利、人和哪个因素更重要？

刘立煌认为，"关键因素确实是人和。经过这一轮的洗礼，也就是大浪淘沙，并不是所有的企业都随着市场复苏站起来了，有些企业没有下定决心改革、提前被淘汰了。"

他说："国家供给侧改革不就是有进有退？而且退是很重要的方面。改革就是要主动作为，做出改革决策、执行改革任务，是要担风险的，而且真要顶住压力，尤其是人员分流安置，压力是很大的。集团层面下定决心做这个事情，也是掏了真金白银的。集团领导班子的这种决策，或者说下决心做这个事情，其实是承担巨大压力的。然后是执行层面，包括各级党组织功能的发挥，每个环节都必不可少，都要工作到位。"

他得出结论："市场复苏是有利条件，最根本的还是主动作为，把外部压力转化为转型改革的动力。我们内部有人说是'人努力、天帮忙'，就是你真正下决心去面对这些问题，要解决它的时候了，反而市场好了。"

（二）

"如果您用一个词，概括过去'互补式重组'三年的变化，会是什么词？"

面对同样一个问题，人们有不同的回答。

五矿国际总经理办公室副主任刘立煌的回答是："我觉得，这三年是'提质蓄能'的三年。'提质'好理解，就是依托外部压力，眼睛向内，切实把发展引到高质量发展这样一条轨道上来，这是一个根本的导向，涉及方方面面的工作。'蓄能'？至少对五矿国际来讲是这样的，我还是长期看好金属矿产行业的未来。尽管现在中国金属矿业的规模已经很大，但是考虑到人均因素，还是有很大的空间。要蓄能，一方面要苦练内功、积蓄能量，另外也是一种希望，就是希望在未来中国经济发展过程中能够发挥更大的作用。"

也有人用"聚变"来形容新中国五矿的变化，聚变含多重意义：一是聚合之变，1加1大于2；二是聚变是"巨变"的谐音之意，意味着发生了巨大变化；三是央企重组目的不仅是物理反应，还在于化学反应，互补式重组发生的反应就是一种颇具威力的化学反应、融合反应、聚变反应。

陆志方的回答是："我认为'重塑'二字好，过去三年，文化重塑、战略重塑、管理重塑、作风重塑，最后是制度重塑、市场布局重塑、市场业务重塑。这些在新五矿身上都有所体现。"

"当前全球竞争格局正在加快重塑"，"压力驱动变革、转型重塑机遇"，"通过核心技术创新的迭代升级再拔尖孕育新动力、重塑新优势，开辟新天地"，"重塑产业链、价值链"，"适应国有资本投资公司定位，重塑集团公司管理体系""新集团经过大半年调整理顺，新的局面正在打开、新的形象正在重塑、新的优势正在再造"，"在全球矿业市场重塑并充分展示新中国五矿的崭新形象"，"打造千亿内部市场，是推进企业内部供给侧结构性改革的重要安排，将重塑企业的竞争优势"，"深度整合，搞好顶层设计，重塑新中国五矿国际一流企业的形象""通过高端、高效和高控制力实现核心竞争力的重塑和升级"……而翻看 2018 年 1 月至今中国五矿集团唐复平董事长、2016 年 6 月至今中国五矿集团国文清总经理的讲话，"重塑"一词分别出现过 5 次、18 次，"重塑"之意跃然纸上。

纵观中国五矿"互补式重组"三年所走的道路，重塑的不仅是核心竞争力，更是人心、信心和形象……

（三）

中国五矿，创造过无数辉煌。

　　举一个例子，一些人们熟知现象的背后，就是五矿的影子——40年前，作为国家指派的第一批支援深圳建设的施工企业和设计单位之一，中冶完成了第一版深圳城市设计规划，在承建我国第一个公开招标项目时，创造了"深圳速度"，还完成了多个城市新区的整体开发建设，成为国内知名的城市建设全方位方案解决专家团队。

　　又一次经历重组的考验，中国五矿重塑核心竞争力，焕发出勃勃生机。

　　如今，这个世界500强排名109位、管理资产规模达1.86万亿元，境外机构、资源项目与承建工程遍布全球60多个国家和地区，拥有8家上市公司的企业集团，究竟会何去何从，人们不禁拭目以待。

　　愿景早已确定：建设世界一流金属矿产企业集团。

　　战略定位也十分清晰：资源保障主力军、冶金建设国家队、产业综合服务商。

　　金属矿产、冶金建设、贸易物流、金融地产等"四梁八柱"的业务体系也已建成。

　　战略新兴产业方面，地下综合管廊建设、海绵城市、特色主题工程建设等六大业务领域，逐渐形成显著的竞争优势。

　　"我们要一鼓作气、坚定完成'三步走、两翻番'第三步任务。"2019年1月6日，中国五矿集团公司2019年度工作会在京召开，又一次吹响了号角！

　　——要实现稳健发展、长富久安。按营业收入年均增长7%、利润总额年均增长 10%，通过 2 至 3 年的努力，把集团公司打造成"营业收入 6000 亿元左右、利润总额 200 亿元左右、拥有 18 万员工、世界 500 强排名进入前 100 位、国务院国资委考核保持 A 级"的优秀央企。

——要培育一批利润大户，成为长富久安的"台柱子"、"钱袋子"。建立完备的梯队阵容：第一梯队利润要达到 30 亿元以上；第二梯队利润要达到 10 亿元以上；第三梯队利润要达到 5 亿元以上；第四梯队利润要达到 3 亿元以上；第五梯队利润要达到 1 亿元以上。

——要打造"八个一流"产业。打造一流的矿产开发业务；打造一流的冶金建设业务；打造一流的金属材料业务；打造一流的新能源材料业务；打造一流的基本建设业务；打造一流的贸易物流业务；打造一流的金融服务业务；打造一流的地产开发业务。

——要不断备足、壮大发展后劲。矿产开发、冶金建设和贸易物流是集团公司的传统优势，要加快实施一批重大项目，拓展更大发展空间；金属矿产的全产业链布局和金融、地产等多元业务组合是集团公司的比较优势，要打造"纵向延伸贯通、横向多元协同"的发展模式，构建金属矿业全产业链延伸布局，打造多元产业组合，形成产业间优势互补、产融结合、抗风险能力强、内部市场活力迸发的多元产业结构，走出一条不同于传统矿业巨头的差异化发展道路；战略性新兴产业、高技术产业是集团公司的创新优势，要加大技术创新力度，培育新能源材料、硬质合金、硅基材料、石墨烯等产业快速壮大，形成基本金属矿种与战略新兴矿种的多资源多产品组合，形成一大批新产业增长极。要让各种优势不断演进、提升、融合，生成不竭动力源泉。

"珍惜有限，创造无限"，"一天也不耽误，一天也不懈怠"，站在新的历史起点上，中国五矿高举习近平新时代中国特色社会主义思想伟大旗帜，重整行装再出发——

一个行动胜过一打纲领，再好的战略只能发挥 20% 的作用，剩下 80% 要靠执行。人们坚信，通过互补式重组，以钢铁般的意志、精神、作风创造了"三年翻两番"奇迹的五矿人，继续坚守"骨子里的信念忠诚、激情澎湃的热血忠诚"，必将在高质量发展之路上谱写崭新的篇章！

　　"国有企业是壮大国家综合实力、保障人民共同利益的重要力量,必须理直气壮做强做优做大。"

　　近年来,以"理直气壮做强做优做大"为目标,国企市场化重组大潮逐渐风起云涌。

　　本书以纪实报道的笔触,向读者展现了中国五矿集团和中冶集团这两家世界 500 强企业"互补式重组"后,三年实现"利润翻两番"的历程。

　　中国五矿重组三年实现利润"两翻番",全面发展呈现强劲势头——取得如此成绩的背后,关键在于新中国五矿领导班子率领广大干部群众忠诚实践习近平新时代中国特色社会主义思想尤其是关于国有企业发展的一系列新论断、新要求,坚守使命、勇于担当,步步紧跟、一招不落地持续贯彻落实,某种程度上形成了"五矿动力""五矿信心"。"五矿经验",成为习近平新时代中国特色社会主义思想在中央企业落地生花的典范。

　　值得一提的是,放在国际风云变幻和国内改革开放大潮的坐标系下进行透视、观察,新中国五矿过去三年所走过的极不平凡的历程和取得的历史性成就,为企业"互补式重组"提供了可复制、可借鉴的经验。

本书从确定体例框架到成稿，前后时间不过一个多月。在此期间，编写团队深入五矿总部及其下属公司、研究院，做了大量的走访和调查、搜集了海量的资料，通过甄选丰富的故事和案例，向读者呈现了一个带着"矿业报国"使命的新中国五矿、一个具有互补式重组成功典范意义的新中国五矿。

本书能在这么短时间内成书，还要诚挚感谢中国五矿集团和新华通讯社相关领导的鼎力支持以及提供的方便。

编 者

2019 年 4 月 26 日